신념의 마력

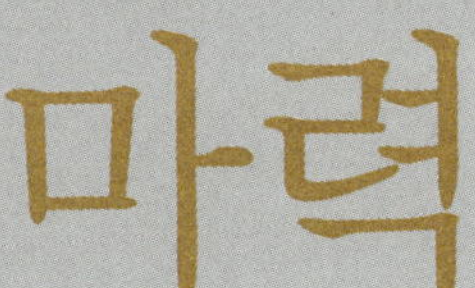

The Magic of Believing

사람의 생각이란 무한한 것이라서 상상을 초월하는 힘이 있다. 믿고 의심하지 않으며,
반드시 이루어질 것이라 확신하는 마음인 신념의 힘 앞에 불가능이란 없다!

믿는 바를 이루기 위한 구심점이자,
그 행동의 구동력인 신념은 누구에게나 있다!

신념의

The Magic of Believing

사람의 생각이란 무한한 것이라서 상상을 초월하는 힘이 있다. 믿고 의심하지 않으며,
반드시 이루어질 것이라 확신하는 마음인 신념의 힘 앞에 불가능이란 없다!

마력

원제 : The Magic of Believing
클라우드 M. 브리스톨 지음 / 이학수 옮김

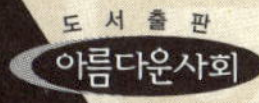

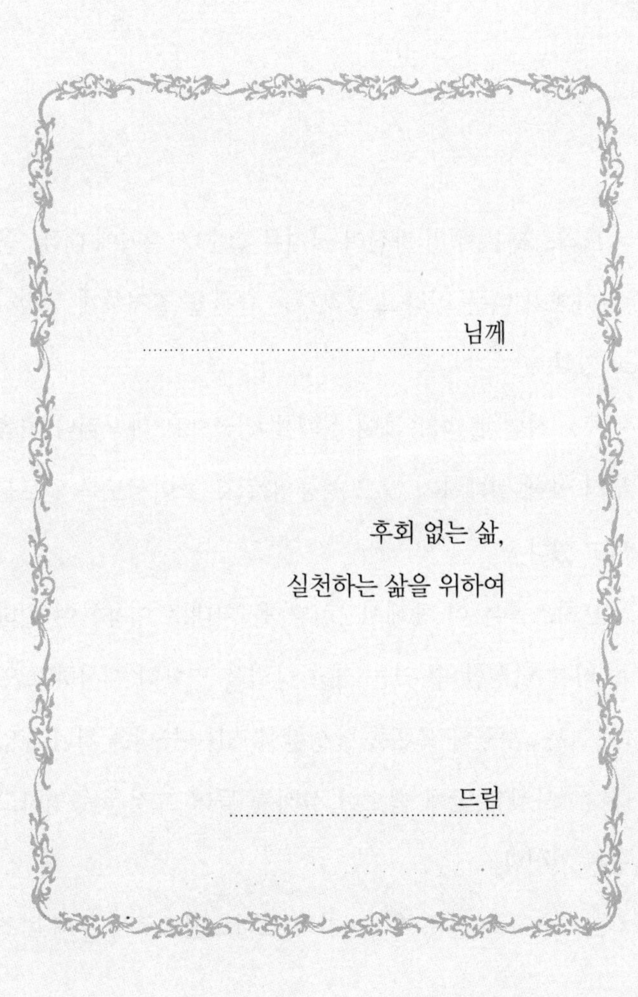

님께

후회 없는 삶,

실천하는 삶을 위하여

드림

브리스톨은 우리 자신이 저지른 실수나 실패에 대해 '운이 나쁘기 때문' 이라고 생각하는 습관을 철저하게 부정하고 있다.

즉, '신념' 을 이용하여 실패를 성공으로 바꾸거나 처음부터 아예 실패하지 않고 성공의 길로 들어서도록 컨트롤하고 있다.

브리스톨은 이 책에서 '신념' 을 최대로 이용하여 원하는 바를 달성할 수 있는 사고 방법을 명확히 제시하고 있다. 그는 '누구나 목표를 달성할 수 있는 능력을 지니고 있다' 는 사실을 굳게 믿으며 실례를 들어 그것을 증명하고 있는 것이다.

브리스톨은 신문 기자이자 비즈니스맨으로서 본래 비즈

니스 분야에서 성공하는 것을 목적으로 이 책을 기술했지만, 실제로는 다른 분야의 수많은 사람들이 이 책을 통해 성공 원리를 터득하고 있다.

사람들은 간혹 이렇게 말한다.

"만약 내가 지금 알고 있는 것을 좀 더 젊었을 때 알았더라면 얼마나 좋았을까……."

하지만 실천을 하는 데 있어서 '늦었다' 는 것은 없다. 깨닫는 그 순간에 곧바로 실천한다면 어떤 일에서든 결코 늦지 않는 것이다.

여러분들은 이제 이 책을 통해 성공과 실패, 행복과 불행, 유능과 무능의 차이를 명확히 구분하여 보다 더 성공 원리에 가까운 삶을 살아갈 수 있게 될 것이다.

인생에 있어서 성공은 물론이고, 만족스럽고 풍요로운 삶을 원하는 모든 사람들에게 이 책이 많은 도움을 줄 것임을 확신하는 바이다. 이 책을 읽고 여기에서 제시하는 원리를 실생활에 적용한다면 틀림없이 삶의 풍요로운 열매를 얻게 될 것이다.

머리말   06

contents

The Magic of Believing

"인간의 내면에는 위대한 힘이 내재되어 있지만
대다수의 사람들은 그 사실을 알지 못한다. 만약
사람들이 그 힘을 사용하기만 한다면 원하는 것은
무엇이든 모두 이룰 수 있을 것이다."

제 1장

일의 성패는 능력보다 신념에 달려 있다

The Magic of Believing

언젠가 우연히 애리조나 주에 들렀다가 투손 시에서 H. 웹스터라는 화가를 만나게 되었다. 사람의 마음을 잡아끌 만큼 밝은 미소를 짓고 있던 그는 온몸에서 삶의 생기가 풍겨 나왔다.

열정적인 그의 모습에 반해 내가 화가가 된 이유를 물어보자, 그는 스스럼없이 자신이 살아온 과정을 간단하게 들려주었다.

"다섯 살 때 쯤, 대학 교수인 아버지를 따라 여행을 떠났다가 어느 거리에서 그림을 그리는 사람을 보게 되었습니다. 자신의 일에 흠뻑 빠져들어 열심히 그림을 그리는 화가를 보고 깊은 감명을 받은 나는 그 자리에서 꼼짝도 하지 않고 한동안 그를 바라보고 있었죠. 이윽고 아버지가 가자고 재촉했을 때 나는 그만 울음을 터뜨리고 말았습니다. 그 이후로 어른들이 '커서 뭐가 될래?' 라고 물으면 으레 '화가가 되겠어요' 라고 대답했죠. 아버지는 나를 교육자로 키울 생각이었지만 나는 화가가 되겠다는 생각을 한 번도 버린 적이 없었습니다. 마침내 부모님은 제 열정을 인정해 주셨고 있는 힘을 다해 저를 뒷바라지해 주셨습니다.”

뛰어난 화가로 성장한 웹스터는 커다란 미술관마다 자신의 그림이 걸리는 영광을 안기도 했지만, 불행하게도 관절염 때문에 자기 혼자서는 먹는 것도 옷을 입는 것도 남의 손을 빌려야만 했다. 병세가 더욱더 심해져 두 다리는 물론이고 나중에는 두 손마저 움직이지 않아 화필을 잡을 수 없게 되자, 그는 자신이 스스로의 의지로 움직일 수 있는 최선을 택했다. 그것은 바로 입으로 화필을 잡는 것이었고, 그는 피나는 노력 끝에 결국 입으로 다시 그림을 그리는 데 성공하였다.

사람의 내면에는 ‘신념’이라는 위대한 힘이 잠들어 있다. 만약 당신이 그것을 깨울 수 있다면 당신은 원하는 모든 것을 손에 넣을 수 있을 것이다.

내면에 잠들어 있는 신념의 파워

제 2차 세계대전 당시, 보도반에 편입된 나는 뜻하지 않게 소속된 연대가 불분명한 처지로 전락하여 일정 기간이 지날 때까지 제대로 월급을 받을 수가 없었다. 하다못해 담배 한 개비 살 돈도 없었던 나는 제대를 하면 반드시 많은 돈을 벌겠다는 야망을 불태우게 되었다. 그만큼 지독히도 돈 없는 설움을 겪었던 것이다.

고생 끝에 내가 간신히 제대를 한 것은 한여름인 8월이었다. 어떻게 해서든 돈을 벌어야겠다고 다짐하고 또 다짐하던 그 무렵, 내가 속해 있던 클럽의 회장이 갑자기 전화를 걸어왔다.

"○○신탁회사의 사장을 한 번 만나 보지 않겠나?"

"무슨 일로……."

"아, 쓸만한 인재를 부탁하기에 자네 애기를 해 두었네. 한 번 만나 보게."

나는 즉시 그 사장을 만났고 생각보다 수월하게 채용이

되어 그야말로 발바닥에 땀이 나도록 열심히 일했다. 덕분에 채 10년도 안 되어 그 회사의 부사장 자리에까지 올라갔고 더불어 상당한 재산도 축적하게 되었다.

사실, 나는 무의식 중에 낙서를 할 때에도 '돈 돈 돈' 하고 '돈' 에 대해서만 생각을 했고, 반드시 돈을 많이 벌겠다는 의식을 마음 속 깊이 새겨 두었다. 이것은 심심풀이 장난 같지만 어떤 목적을 향해 마음을 집중시키면 희한하게도 그 목적을 달성할 수 있는 길이 열리거나 기회가 찾아오게 된다.

한 번은 하와이의 호놀룰루에 여행을 갔다가 갑자기 마음이 바뀌어 본토로 돌아가고 싶다는 강한 충동을 느꼈다.

그런데 마침 출항하려는 배가 있어 마지막 남은 표 한 장을 구입하여 배에 올랐다. 그 때, 나는 마음 속으로 이렇게 생각했다.

'이왕 배를 탔으니 귀빈만 앉을 수 있는 선장의 메인테이블에 초대를 받는다면 더 바랄 것이 없겠는데……'

아, 그런데 이게 웬일인가!

얼마 지나지 않아 나는 특별히 부탁하지도 않았는데 메인테이블에 초대를 받았다. 그것이 너무도 신기했던 나는 선장에게 직접 그 이유를 물어 보았다.

그 배의 승객 중에서 나는 특별히 눈에 띄는 손님도 아니었고, 복장 또한 남의 눈을 끌만큼 대단하지도 못했기 때문이다.

내 질문에 선장은 이렇게 대답했다.

"글쎄요. 살아가다 보면 꼭 꼬집어서 설명하기 힘든 마음의 변화를 느끼기도 하지요. 배가 막 출범하려고 할 때 선장실 입구에 앉아 있던 나는 당신이 승선하는 모습을 보는 순간, 그냥 당신을 초대하고 싶다는 생각이 들었습니다. 문득 그런 생각이 들었다는 것 외에는 달리 설명할 길이 없군요."

이것이 혹시 '마음의 힘' 이라 일컬어지는 신념의 파워가 작용한 결과가 아닐지!

신념은 사마귀도 없앤다

한때, 멕시코와 접해 있는 미국의 서남부에서 살았던 나는 정원사로 솜씨 좋은 멕시코인을 고용한 적이 있다. 그런데 그는 지난날 우연한 사고로 반신불수가 되어 병원 측으로부터 정상적으로 걸을 수 없을 것이라는 진단을 받았다고 한다.

하지만 그는 그러한 고난에 주저앉지 않고 어린 아들의 부축을 받으며 8마일이나 떨어진 성 사이벨 교회까지 갔다고 한다. 그들이 걸어가는 도중에 운전을 하고 가던 사람들이 태워 주겠다고 했지만 그는 한사코 그들의 친절을 사양하였고 끝까지 자신의 힘으로 걸어갔다. 만약 자기 스스로 걷지 않으면 자신은 정말로 낫기 어려울 것이라고 믿었기 때문이다.

그렇게 꼬박 이틀을 걸어가 교회에 도착한 그는 더 이상 움직일 기력이 없어 제단 앞까지 기어가다시피 한 끝에 엎드려 기도를 올렸다고 한다.

그런데 신기하게도 그의 마비 증세가 씻은 듯이 사라지고 교회에서 아들의 부축없이 멀쩡한 발로 걸어 나올 수 있었다고 한다.

1945년에 발행된 캐나다의 의학협회지에는 다음과 같은 F. 카르츠 박사의 논문이 게재되어 있다.

"세계 어느 나라에나 사마귀를 없애는 민간 요법이 존재한다. 사마귀를 거미줄로 싸는 요법을 비롯하여 초승달이 떴을 때 두꺼비 알을 길거리에 묻는 방법에 이르기까지 수많은 미신적인 방법이 있는 것이다. 만약 환자가 그것을 깊이 믿기만 한다면 그것은 모두 효과가 있다."

신념은 분명 우리에게 힘을 준다. 오늘날에는 세계의 뛰어난 연구가나 학자들도 신념의 문제를 논의하고 실제로 여러 가지 실험도 하고 있다.

전기학의 천재라고 불리는 C. P. 스타인메츠는 "앞으로 50년 동안, 가장 중요한 발전은 인간의 정신에 관한 연구에서 일어날 것이다"라고 말했다.

신념만 있다면 성공은 얼마든지 내 것이 될 수 있다

진실한 야망을 마음 속에 품은 사람은 누구나 반드시 그 목적을 이룰 수 있다. 그것이 아무리 높은 이상일지라도 신념을 이용하면 그것을 성취할 수 있는 것이다.

언젠가 군대에서 부상을 당해 장애인이 된 D. 퀘일이 나에게 이런 편지를 보냈다.

"두 다리가 마비되어 목발을 짚고 다녀야 하는 내가 당신의 '신념의 마력' 을 받아들인다는 것은 쉬운 일이 아니었습니다. 하지만 어찌되었든 먹고살아야겠기에 당신이 주장하는 원리를 실행해 볼 생각으로 보험과 회계사 일을 시작했습니다. 물론 지금은 남부럽지 않은 삶을 살아가고 있습니다. 당신이 가르쳐 준 방식이 나를 완전한 성공으로 인도했기 때문입니다.

누구나 자신의 내부에 잠자고 있는 신념의 힘을 알기만 한다면 모든 걱정은 사라지고 장애도 없어지며 원하던 목표에 도달하게 될 것입니다."

신념을 이용하여 옳은 일을 선택하라

뛰어난 인물의 전기를 읽어 보면 신념이 그 사람의 인생에 얼마나 커다란 영향을 미쳤는가를 알 수 있는데, 이는 신념이 한 사람의 힘으로써 작용한 좋은 예이다.

한편, 집단화한 신념이 나쁜 방향으로 작용했을 때에는 올바르지 못한 군중 심리나 폭력 집단의 형태로 나타날 수도 있다. 하지만 그것이 좋은 방향으로 작용한다면 종교 개혁이나 문예 부흥처럼 문화 발전의 획기적인 현상으로 나타나게 된다.

특히 역사적인 사실은 신념이 한 국가를 건설하기도 하고 또한 파괴하기도 했다는 것을 잘 보여 준다.

한 개인이 신념을 사악한 목적에 이용하면 자기 자신뿐만 아니라 다른 사람까지도 파멸의 길로 몰고 가게 된다.

예를 들어 독일의 독재자 히틀러는 자신의 야망을 위해 숱한 사람들을 희생시킴으로써 역사적으로 악마의 화신처럼 묘사되고 있다.

지금도 당신 주변에는 자기 자신을 비롯하여 남에게까지 피해를 주는 사람이 있을 것이다.

이처럼 신념의 힘은 한 개인은 물론이고 국가, 더 나아가 인류에게 커다란 영향을 미치게 된다. 그것은 행복을 가져올 수도 있지만 심각한 재해를 불러 올 수도 있는 것이다.

부디 신념의 힘을 이용하여 행복을 선택하라.

당신의 목적, 당신의 커다란 꿈을 향해 그리고 선을 위한 확신을 향해 전진하라.

모든 것은 당신의 선택에 달려 있다.

"성공의 모든 요소는 내면의 사고 속에서 끄집
어내야 한다. 신념을 지닌 사람은 상대방을 매료시
키는 힘을 지니고 있으며, 인생의 성공은 신념의
여부에 의해 가름된다."

사람은 생각하는 대로 된다

제 2장

The Magic
of Believing

모든 사물은 사고에서 비롯된 것이다

'사고'란 과연 무엇일까? 그것은 아무도 모른다. 단지 우리가 알고 있는 것은 그것이 정신 작용의 일종이라는 것뿐이다. 하지만 전기의 실체를 볼 수는 없지만, 그 작용과 현상을 도처에서 볼 수 있는 것처럼 사고 작용 역시 마음 밖으로 나타나게 된다.

사고의 작용은 남녀노소 누구에게나 나타나며 동물이든 식물이든 그것은 마찬가지이다.

예를 들어 당신이 자동차를 운전하며 넓은 도로를 달리고 있다고 가정해 보자. 당신이 교통 규칙을 잘 지키고 있으며 안전 속도를 유지하고 앞차와의 거리도 적당히 유지하고 있다면 사고가 발생하지는 않을 것이라고 생각할 것이다.

그런데 그 순간, 갑자기 오토바이가 뛰어든다면 어떻게 될까? 아마도 오토바이와 부딪치지 않도록 속력을 늦추는 동시에 비상라이트를 켜고 뒤따라오는 자동차에 신호를 보내 뒷차가 충돌하지 않도록 여러 모로 신경을 쓰려고 하지 않겠는가!

이것은 마음과 육체가 한꺼번에 순간적으로 대응한 행동으로 그 복잡한 현상을 자세히 설명한다는 것은 상당히 어려운 일이다.

동물의 사고 작용은 더욱더 이해하기가 어렵다.

어떤 사람이 친구의 집을 방문하여 벨을 눌렀지만 대답이 없었다. 할 수 없이 돌아가려던 그는 혹시나 하는 생각으로 대문을 밀었더니 문은 잠겨 있지 않았다.

그것을 다행으로 여기며 현관 앞까지 가서 친구를 찾았지만 친구의 대답 대신 콜리종 개가 나와 그를 맞이했다. 그는 개의 머리를 쓰다듬어 주고는 친구를 기다리기 위해 현관 앞에 있던 의자에 앉았다.

그러나 15분이 넘어도 친구가 돌아오지 않자 그는 돌아갈 생각으로 자리에서 일어섰다. 그런데 그 때까지 꼬리를 흔들며 다정한 척하던 개가 그가 의자에서 일어서려 하자 갑자기 으르렁거리며 짖어 댔다.

할 수 없이 그는 두 시간 동안이나 그 의자에 앉아 친구를 기다려야만 했다. 그 개는 낯선 방문객에게 호감을 보이면서도 동시에 경계심을 늦추지 않았던 것이다.

이것은 자동차를 운전하는 운전자가 오토바이라는 겉으로 나타난 상황에 대해 여러 가지 대응책을 모색했던 것처럼 개에게도 비슷한 사고 작용이 일어났기 때문이다.

당신의 주위를 한 번 돌아보라.

만약 당신이 거실에 앉아 있다면 장식장이나 소파가 보일 것이다. 이 경우, 당신의 눈으로 보는 모든 물체들은 누군가의 창조적 작업을 통해 사고나 관념이 물체화한 것이다.

누군가가 처음으로 자신의 사고를 물체화하여 가구를 만들고 유리를 끼우고 커튼을 만들고 테이블보를 만든 것이라고 할 수 있다.

자동차, 고층 빌딩, 비행기, 선박, 재봉틀, 작은 핀, 그밖에 수천 가지에 이르는 물체들은 모두 사고에서 나온 것으로 모든 완성품을 비롯하여 비완성품 또한 창조적 사고의 결과물이다.

미국의 철학자 랠프 월도 에머슨은 "모든 행동의 근원은 사고"라고 말했다. 그 말처럼 우리의 세계는 모두 사고에 의해 지배되고 있으며 세상에 존재하는 모든 것은 본래 마음 속에 있던 대상물이다. 수 세기 전에 부처가 말했듯 "세상 만물은 우리 사고의 산물"인 것이다.

'사고'가 모든 것을 만든다

우리의 인생은 우리의 생각, 즉 사고 과정의 산물이다. 당신이 현재의 당신이 되도록 한 것은 당신의 생각 그 자체인 것이다. 그러므로 성공의 비결은 바로 당신의 내면에 있다고 할 수 있다.

우리의 생각은 우리를 난쟁이로부터 거인으로 만들 수도 있고, 거인으로부터 난쟁이로 변신시킬 수도 있다. 생각에 따라 강하게 될 수도 있고, 약하게 될 수도 있는 것이다.

우리가 음식을 먹고 옷을 입고 버스를 타고 신문을 보는 것은 모두 우리의 생각에서 비롯된 것이다. 생각이 앞서지 않는다면 손가락 하나 움직일 수 없다. 우리의 육체는 자동적인 반사에 의해 움직이는 것이 아니라, 그 이면에는 어마어마한 사고의 힘이 숨어 있다.

사고는 부귀와 성공, 물질적 이득, 모든 발견과 발명, 업적의 근원이다. 만약 우리에게 사고가 없었다면 가장 원시적인 시대로부터 단 한 발짝의 진보도 이뤄 내지 못했을 것이다.

마찬가지로 사고는 우리의 성격과 인생과 일상 생활을 결정한다. 사고력이 없으면 선악이나 행동, 반작용도 있을 수 없는 것이다.

'자신이 뿌린 씨는 자신이 거둬야 한다'는 말처럼 우리는 생각을 뿌려 우리의 운명을 만들어 간다.

영국의 유명한 물리학자 아서 에딩턴은 이렇게 말했다.

"우리가 사는 이 우주는 우리가 상상도 못할 범위에까지 미치고 있는데 그것은 본래 우리 생각의 산물이다."

같은 물리학 분야의 권위자인 제임스 짐스 역시 비슷한 말을 하고 있다.

"우주는 어떤 위대한 '우주적 정신' 의 사고에서 나온 창조물이며 여기서 '우주적 정신' 이란 우리 모두의 생각과 함께 있는 것을 말한다."

무엇보다 중요한 것은 현대의 이름난 대과학자나 사상가들은 모두 고대 현인들의 생각을 그대로 계승하여 말하고 있다는 사실이다.

강력하고 역동적인 사고의 힘

여자를 나약한 존재로만 여기던 시절, 플로렌스 나이팅게일은 간호하는 일이 사회적으로 상당히 중요한 일이라고 생각했다. 그리하여 영국 태생인 그녀는 독일의 프리돈나 간호 학교에 입학하여 먼저 복도를 청소하는 일부터 시작하였다.

얼마 지나지 않아 간호하는 일에서 뛰어난 재능을 보인 그녀는 영국·프랑스 등의 연합군과 러시아 사이에 크림 전쟁이 일어나자 간호원들을 모아 자비로 원정대를 조직하여 최전선으로 달려갔다.

물론 당시에는 여성의 능력을 경시하는 풍조가 만연했던 터라 담당 장교들은 못마땅해했지만 상황이 워낙 다급한지라 그들에게 간호를 맡길 수밖에 없었다. 물론 장교들의 생각과는 달리 나이팅게일을 포함한 일군의 간호원들은 그들의 역할을 훌륭하게 해냈다.

그 후, 근대 간호법의 창시자인 나이팅게일의 밑에서 젊은 간호원들이 야전 병원의 일을 도맡게 되었다. 그녀의 앞서가는 '사고'가 당시에 힘들고 천한 일이라고 인식되던 간호 일을 누구나 인정하는 신성한 직업으로 끌어올린 것이다.

인류가 처음으로 세상에 존재하기 시작했을 때부터 인

류의 가르침은 사고력이 얼마나 위대한지를 아는 사람들에 의해 시작되었다.

역사적으로 위대한 종교 지도자나 제왕, 군인, 정치가들은 사고력 혹은 '마음의 과학' 을 이해하고 있었기에 군중들을 잘 다스리고 또한 움직이도록 했던 것이다.

역사상 지금처럼 가장 강력하고 역동적인 사고력의 힘에 대해 깊이 연구할 필요를 느끼던 시절도 없었다.

우리는 그것을 깊이 이해하도록 노력하고 또한 그것을 인생을 개선하는 데 최대한 활용해야 한다.

즉, 개개인의 마음 속에 들어 있는 그 위대한 힘을 뽑아올려야 하는 것이다.

누구나 다른 사람의 사고에 영향을 받는다

아일랜드의 유명한 작가인 조지 러셀은 이렇게 말했다.

"우리는 우리가 마음먹은 대로 될 수 있다."

자신이 원하는 사람이 될 수 있다는 증거로 러셀은 그의 희망에 따라 위대한 작가, 강연자, 화가, 시인이 되었다.

무엇보다 중요한 것은 우리의 사고나 관념은 대부분 우리 자신의 것이 아니라는 점이다. 그것은 우리가 처음으로 생각해 낸 것이 아니라 다른 사람의 영향을 받은 것이다.

일상 생활 속에서 다른 사람으로부터 들은 것, 신문이나 잡지 혹은 책에서 읽은 것, 영화·연극·TV·라디오에서 보고 들은 것, 그밖에 우연히 들은 것 등에서 우리는 자신도 모르게 끊임없이 영향을 받는다.

그러한 영향 중에서 일부는 우리 마음의 잠재 의식과 혼합되어 위대한 미래의 이미지를 그리도록 하거나 전 생애를 통해 길을 안내함으로써 커다란 도움을 주기도 한다. 물론 개중에는 방해가 되는 것도 있어 자신감을 약화시키거나 우리를 괴롭히기도 한다.

그런 시시한 생각들을 막는 방법에 대해서는 뒤에서 다시 다루기로 한다.

당신의 생각이 다른 사람의 마음까지 움직일 수 있다

사실 나도 전에는 나의 생각이 다른 사람에게 영향을 미치고, 멀리 있는 사람들의 마음까지도 움직일 수 있다는 말을 비웃었다. 하지만 지금은 나의 마음이 지구 표면의 그 어떤 것도 변화시킬 수 있음을 믿는다.

그렇다고 신념을 온 지구의 영역까지 펼쳐서 말할 생각은 없다. 다만 우리의 손이 미치는 범위 내에서 신념을 언급하고 싶을 뿐이다.

언젠가 『커머셜 앤 파이낸셜』지에 '엘도라도' 라는 제목으로 신념에 대한 기사가 실린 적이 있다. 그 내용의 일부를 인용해 보면 다음과 같다.

"엘도라도란 예로부터 전해 내려오는 부유한 황금의 나라로 사람들은 누구나 자신의 내면으로부터 '황금' 을 찾아 내 풍요로운 인생을 누릴 수 있다.

엄청난 부를 축적했거나 순풍에 돛을 단듯 순조롭게 인생이 풀려나가는 사람들은 운이 좋거나 타고난 운명으로 혹은 속임수로 그렇게 되는 것이 아니다. 그 모든 것은 그들의 내면으로부터 나온 것이다.

당신의 내면에 들어 있는 엘도라도를 찾아라. 그 황금은 아무리 퍼내도 결코 마르는 법이 없다. 단지 하고자 하는 의지만 있으면 된다. 우리가 우리 자신을 발견한다면 우리의 생각은 자동적으로 엘도라도로 향하게 될 것이다."

유능한 의사로 널리 그 능력을 인정받은 파라셀수스는 이렇게 말했다.

"인간의 정신은 그 누구도 표현할 수 없을 만큼 위대하다. 우리가 우리의 정신을 올바로 파악할 수 있다면 세상에서 못 해낼 일은 없을 것이다. 신념의 힘으로 상상은 활기를 띠게 되며 또한 그것은 실현된다. 온갖 의심은 그 실현을 방해할 뿐이다. 신념은 상상을 실현시킨다. 그것은 신념이 의지를 확립시키기 때문이다."

자기 발견을 하게 되면 신념을 소유하게 되고 그러면 자기 자신에 대해 영원토록 명확히 이해할 수 있는 불변의 마음자리를 차지하게 된다.

자신의 모습을 알아야 한다. 자기 자신을 아는 사람만이 엘도라도에서 살아갈 수 있다. 그리고 엘도라도에서 사는 사람은 언제나 청춘을 구가하며 즐기고 싶은 모든 것을 언제든 누릴 수 있다.

"당신의 마음이 원하는 것은 무엇인가? 그것을 구체적이고 명확하게 결정하라. 그리고 무엇이든 마음 속으로 강렬히 원하는 것은 반드시 실현될 것이라고 확신하라. 매일 30분씩 원하는 것을 성취한 당신의 모습을 상상하라."

제 3장

신념은 생각에 따라 활동한다

The Magic
of Believing

목적지를 정확히 알고 모터보트를 타라

지금까지 말했듯이 '사고'는 우리의 삶에서 아주 강력한 구실을 한다. 이제부터 해야 하는 일은 당신이 원하는 것이 무엇인지 정확하게 결정하는 것이다. 그저 남들처럼 성공하고 싶다는 막연한 생각만으로는 안 된다.

각자의 자신에게 물어 보라.

"무엇을 향해 나아갈 것인가?"

"결승점은 어디인가?"

"나의 욕망을 마음 속에서 선명하게 그림으로 그릴 수 있는가?"

만약 원하는 것이 금전적인 것이라면 정확히 액수를 말할 수 있어야 하고, 어떤 물건을 소유하고 싶다면 그것을 뚜렷하게 볼 수 있어야 한다.

여기에 대한 답이 당신의 전 생애를 결정하는 요인이 된다. 사실, 이러한 물음에 제대로 대답하는 사람은 100명 중에서 한두 사람이 있을까 말까이다. 대부분의 사람들은 그저 막연히 성공을 꿈꾼다. 하루를 그럭저럭 보내면서 그래도 언젠가는 뭔가가 이루어질 것이라고 헛된 망상에 사로잡혀 있는 것이다.

오늘 일거리가 있으니 내일도 있을 것이고 아무런 대책도 없이 늙더라도 누군가가 돌봐 줄 것이라고 막연히 기대한다.

이러한 사람들은 목표도 방향도 없이 그저 물이 흐르는 대로 흘러가는 뗏목을 타고 있는 것과 같다. 그러다가 바윗돌에 부딪치거나 나뭇가지에라도 걸리면 그야말로 속수무책이다.

당신은 방향과 목적을 정확히 알고 힘차게 목표를 향해 나아가는 모터보트에 타야 한다. 인생에서 바라는 것이 무엇인지를 정확히 알고 어디를 향해 가야 할지를 알며, 정해진 목표를 눈앞에 생생하게 그릴 수 있어야 하는 것이다.

이것은 일자리를 원하거나 새로운 직장을 원할 때 혹은 단순히 한 켤레의 구두를 원할 때에도 마찬가지이다. 당신은 당신이 원하는 것을 얻을 수 있을 때까지 원하는 것의 이미지를 마음 속에 깊이 품고 있어야 한다.

많은 돈을 벌고 싶은가?

성공에 대한 기준은 사람마다 다르다. 어쩌면 당신은 막대한 부를 축적하는 것만으로도 충분히 만족스러운 삶을 살아갈 수 있을 것이라고 생각할지도 모른다.

만약 부를 축적하는 것이 당신이 심사숙고한 끝에 결정한 목표라면 그 목표에 뚜렷한 범위를 정해야 한다.

'막대한 부' 라고 하는 것은 구체적으로 얼마인가? 그 목표를 만족시킬 만한 정확한 액수를 결정해야 하는 것이다.

마음 속으로 생각하는 수치를 분명하게 표현해야 한다.

그런 다음 이미 그 정도의 돈을 벌어들인 당신의 모습을 상상해 보라. 그 돈을 쓰면서 어떻게 살아갈 것인지 가능한 구체적이고 선명한 색채로 상상해 보라.

명예를 얻고 싶은가?

‘호랑이는 죽어 가죽을 남기고, 사람은 죽어 이름을 남긴다’는 말처럼 당신은 이 세상에 자신의 이름을 널리 알리는 것이 인생의 목표인가? 아니면 뛰어난 재능을 발휘하여 남보다 돋보이고 싶은가?

당신이 명예로운 삶을 원한다면 당신이 품고 있는 야망을 달성하기 위해 확고하게 정해진 생각을 가져야 한다. 단순히 유명해지고 싶다는 것은 너무도 막연한 생각이다. 최소한 자신이 나아가려는 목표의 방향을 분명하게 설정할 필요가 있다. 명예를 드높이고 싶은 분야가 과학인지, 문학인지, 아니면 탐험인지 명확한 목표를 세우고 마음 속의 그림을 좀 더 분명하게 그려야 한다.

영국의 수상이던 처칠은 어린 시절부터 다른 사람들의 눈길을 끌 정도로 그 생각이 명확했다. 당신 역시 당신이 지향하는 목표가 얼마나 분명한지, 그것을 위해 얼마나 어떻게 노력할 것인지를 분명히 설정해야 한다.

인생을 통해 무엇을 원하는지, 어떤 분야에서 활동하여 무엇을 성취하고자 하는지, 이런 질문에 대한 구체적인 대답이 삶을 결정하는 데 있어서 중요한 요인이 될 것이다.

당신은 무엇이 되고 싶은가?

만약 유명한 스포츠 스타가 되고 싶다면 마음 속에 그 목표를 깊이 심어 두고 전력 질주하라. 자신이 좋아하는 팀에 들어가 이미 활약하고 있는 자신의 모습을 상상하고 어느 포지션이 좋을지 결정해 두어라.

마음 속과 마찬가지로 실제 생활에서도 마치 스포츠 스타가 된 것처럼 해 보라. 팀을 따라 여행도 해 보고 선수들과 시즌 전에 연습을 하는 것도 마음 속에서 그려 보라.

마음 속에서 가장 우수한 게임을 하고 연구하고 연습하고 그러면서 굳은 신념을 갖는 것이다.

만약 당신이 학자가 되고 싶다면 어떤 학문을 목표로 어디서 공부할 것인지를 결정하라. 학비 따위는 걱정하지 않아도 좋다. 오로지 공부를 하겠다는 것에만 마음을 집중하자. 당신의 꿈에 대해 분명한 생각을 가지면, 생각하는 방법이 그 꿈을 실현시켜 줄 것이다.

혹시 예능계에서 혜성과 같이 떠오르는 유망주가 되고 싶은가? 아니면 가수로서 유명해지고 싶은가? 후자의 선택을 하였다면 이미 그 세계에 뛰어들어 열심히 노래를 부르는 모습을 떠올려 보라.

마음을 조절하여 준비 활동에 방향을 부여하라

당신의 목표가 무엇이든 그 과정은 모두 똑같이 이루어진다. 먼저 목표에 도달하고자 하는 간절한 소망이 있다면 마음을 조절하여 모든 준비 활동에 방향성을 부여해야 한다. 이 때, 주의할 것은 마음의 그림을 항상 모든 활동의 정점에 두어야 한다는 사실이다.

대다수의 사람들은 그저 안정적인 직장을 구해 안락한 삶을 살 수 있다면 그 일이 무엇인지는 그다지 따지지 않는다. '하는 일이 무엇이든 상관 없다. 그저 월급만 두둑이 받으면 그만이다' 라고 생각하는 사람이 태반이다.

그렇다면 이렇게 생각하는 사람들은 과연 어디에 도달하게 될까? 그들은 결국 어디에도 도달하지 못할 것이다. 같은 곳을 빙글빙글 돌다가 어느 것 하나 제대로 성취하지 못한 채 생애를 마치고 마는 것이다. 그 이유는 자신이 원하는 것이 무엇인지 구체적이고 정확하게 파악하지 못했기 때문이다. 그들에게는 어디에 도달해야 하는지 그 계획조차 없었던 것이다.

큰 희망을 가지고, 절대로 습관적으로 방황하지 말라.

당신에게 무엇보다 필요한 것은 혼자 조용히 앉아 자신의 목표를 정하는 것이다. 인생에서 당신이 끄집어 내고자 하는 것이 무엇인지 그것을 정확히 알아야 하기 때문이다.

인생의 목표가 설정되었다면 반복해서 그것을 자기 자신에게 들려주어라. 그러면 그 생각이 당신의 마음 속에 정착하게 될 것이다.

　마음 속에 그려진 뚜렷한 목표와 영상은 당신의 준비 활동에 구체적인 방향을 제시해 줄 것이다.

신념은 내면에 동력을 불러일으킨다

　늘 당신의 높은 꿈을 생각하라. 밤낮을 가리지 말고 그 일을 생각하고 꿈꿔라. 멋지게 성공한 모습을 그리려 애쓰지 않더라도 최소한 늘 그것에 대해 생각하고 있어야 한다.

　필요와 욕망 사이에는 커다란 차이가 있다.

　예를 들어 당신에게 지금 자동차 한 대가 필요하다고 가정해 보자. 그 차는 사업용일 수도 있고 가족에게 즐거움을 주기 위한 것일 수도 있다. 흔히 사업용일 경우에는 일의 진행 상황을 지켜보면서 사게 된다. 그러나 가족을 위한 차일 경우에는 가능한 한 빨리 사려고 한다. 왜냐하면 그것은 당신의 소유욕뿐만 아니라 가족에 대한 당신의 책임감도 만족시켜 주기 때문이다.

이처럼 신념은 당신의 내면에 새로운 힘을 불러일으켜 바깥세계로부터 새로운 자원을 찾도록 하는 계기가 된다.

사고는 자력(磁力)을 지닌다

우리는 흔히 '마음자세가 일의 성패를 좌우한다' 거나 '말이 씨가 된다' 는 말을 사용한다.

창조적이고 적극적인 사고 방식은 적극적인 결과를 낳게 되고, 공포심은 두려워하던 결과를 만들어 내는 자력을 지닌다. 사고의 성질이 어떠하든 그것은 자신의 성질과 같은 것을 만들어 내는 것이다. 그렇다면 그 커다란 힘을 어떻게 이용하는 것이 좋을까?

무엇인가를 창조하고 누군가에게 영향력을 미치는 사고의 힘은 상상조차 하기 힘들 정도로 넓은 범위에 이른다.

그리고 그러한 사고는 항상성과 농도, 강도에 비례하여 창조력이나 영향력을 만들어 낸다.

물론 사고가 에너지의 일종인지 아닌지에 대해서는 아직 규명되지 않은 상태이다.

1944년, 예일대학의 버(H. S. Burr)박사와 그 연구팀은 12년간의 연구 끝에 모든 생물은 몸 주위에 전기적인 미광을 발산하고 그것에 둘러싸여 있으며 생물의 생명력은 우주 전체의 구성과 연결되어 있다는 연구 결과를 발표했다.

옛날 헤르메스 트리스메기투스와 그 일파의 철학자들은 진동설(振動說)을 주장했고, 기원전 6세기경에 살았던 피타고라스는 "만물은 그 본체가 진동이다"라고 말했다. 그것은 본질적으로 현대의 첨단 과학인 전자학의 내용과 같다.

결국 모든 물질은 음전자와 양전자로 이루어져 있다는 것으로 전기를 띤 미립자가 서로 끊임없이 작용과 반작용하는 것을 두고 '진동' 이라고 하는데, 전기를 가진 미립자의 진동수가 바뀜에 따라 물질의 본체도 바뀌게 된다.

진동이란?

인간의 신경 계통은 진동에 의해서만 외부의 사물과 접촉할 수 있다. 다시 말해 보고 듣고 만지고 맛보고 냄새 맡는 일은 모두 외부의 물체가 발산하는 진동을 받아 그것을 뇌에 전달함으로써 뇌에서 그 감각을 알게 되는 것이다.

예를 들어 우리가 큰소리를 들을 때 그것은 공기의 진동으로 귀에 전해져 오는 것이다. 푸른 나뭇잎을 볼 때에는 단순한 광선의 진동을 눈이 받아, 뇌에 전달함으로써 뇌가 그것을 푸른빛으로 해석하는 것이다.

하지만 세상에는 우리의 오감이 수신할 수 없는 고주파, 즉 높은 피치의 진동도 적지 않다. 예를 들어 개가 짖는 소리에는 너무 높은 피치가 있어 개밖에 듣지 못하는 소리도 있다고 한다.

우리가 두통이 있을 때 관자놀이를 손으로 누르면 두통이 조금 완화된다. 이것은 일종의 전기 에너지가 손가락 끝에서 흘러나왔기 때문은 아닐까?

예수가 손을 대서 환자들의 병을 고쳤다는 얘기도 사실은 진동에 그 원인이 있었던 것이며, 그것은 버(Burr) 박사가 주장하듯 우리 자신이 발산하는 것으로 모든 생물체를 둘러싸고 있는 전기권은 아닐까?

그러한 전기가 손가락 끝에서 혹은 마음 속에서 방출되어 일종의 가벼운 충격, 즉 다른 사람이나 물체 같은 것에 진동의 힘을 미치는 것이 아닌가 한다.

우리가 가끔 몸에서 느끼는 정전기를 볼 때, 인체에는 전기가 흐르고 있음을 짐작할 수 있다.

만약 일종의 전기가 손가락 끝에서 나온다면 그것이 전류적인 것이든 자력적인 것이든, 정말로 그것이 생각에 의해 무의식적 혹은 의식적으로 일어나는 진동파라면 옛부터 있어 왔던 염력, 염동, 영매, 신비교도가 행하는 불가사의한 일들도 어느 정도는 납득할 수 있을 것이다.

결국 예일대학 버(Burr)박사 실험팀은 모든 생물이 스스로 만드는 전기적 외기에 둘러싸여 있다고 결론을 지었다. 프랑스의 듀크대학에서도 과학자인 바라듀크 박사가 '사고는 물체에 영향을 미친다’는 것에 대해 만족할 만한 증거를 제시하고 있다.

인체에서 나오는 파장을 알아보는 실험

먼저 두꺼운 종이에 1에서 12까지의 숫자를 기록하여 시계의 글자판처럼 작은 원반을 만든다. 그런 다음 그 원반의 한복판에 바늘을 꽂는다.

바늘 끝에는 화살표 모양으로 만든 두꺼운 종잇조각을 수평으로 균형이 잡히도록 놓는다. 그 원반을 물이 담긴 유리컵 위에 올려놓고 원반 아래쪽에 나와 있는 바늘은 물에 잠기게 한다. 이 때, 원반의 크기는 컵의 주둥이보다 약간 크면 된다.

두 손으로 컵과 원반의 화살표 주위를 감싸고 정신을 집중하고 화살표가 움직여 방향을 바꾸도록 해 본다. 특히 당신이 지정한 숫자를 향해 멈추도록 명령한다. 이 실험을 하는 데에는 인내심이 필요하다. 신속한 결과를 기대하기 어렵기 때문이다.

이 실험의 성공 여부는 개개인의 정신력 여하에 따라 다르지만, 당신도 그 현상을 보면 깜짝 놀라게 될 것이다.

물론 손의 열 때문에 일어나는 반응이라고 생각할 수도 있을 것이다. 그렇다면 화살표가 명령하는 곳에 멈추는 것은 어떻게 설명할 것인가?

만약 당신의 손이나 손가락에서 일종의 전기가 나오고 그것에 동력파나 자기파 같은 일종의 파장이 있어 그것이 우리의 의식이나 무의식에 따라 이리저리 바뀐다면 여러 가지 신비한 현상에 대한 적절한 설명이 될 수 있을 것이다.

웨스팅하우스 전기 회사의 필립 토머스 박사는 이렇게 말한 바 있다.

"우리가 무슨 일을 하거나 이야기할 때 혹은 뭔가를 생각할 때마다 어떤 방사가 이루어진다. 우리는 그 방사를 전기라고 생각한다. 가까운 장래에 우리는 이러한 인격 혹은 사념의 방사를 전기 반응으로 붙잡아 그것을 분석할 계획이다. 머지않아 그 본체를 보게 될 것이다."

신념의 강약에 따라 파장이 다르다

연못에 던져진 돌멩이는 수면에 닿는 순간, 둥글게 퍼져나가는 잔물결을 만든다. 그리고 그 뒤를 쫓아 생겨나는 물결의 고리는 끝없이 퍼져나가다 마침내 기슭에 닿으면 사라진다.

이 때, 돌멩이가 크면 클수록 물결도 높고 크게 퍼져나간다. 그리고 크기가 다른 두 개의 돌멩이를 서로 가까운 거리에 동시에 던지면 둘 다 물결의 고리를 만들다가 어느 한 지점에서 겹치게 된다. 육안으로 볼 때 두 물결이 같은 크기라면 그것은 만난 곳에서 멈추거나 융합해 버린다. 그러나 만약 한쪽 물결이 다른 쪽 물결보다 크면 큰 쪽이 작은 물결을 타고 넘어가 더 멀리 파급되어 나간다.

이것을 마음과 연결지어 본다면 강력한 생각은 약한 생각의 파급을 멈추게 하거나 그것을 압도해 버린다는 것을 알 수 있다. 더욱더 강렬하고 집중된 생각은 템포도 빠르고 진동도 크기 때문에 그만큼 약한 진동을 밀어내고 더 빨리 그 창조적인 일을 해 나갈 수 있다.

그러한 이유로 인해 많은 사람들이 의식의 깊이, 생각의 집중도, 신념의 강약에 대해 설파하고 있는 것인지도 모른다.

창조적인 힘은 원숙한 사고, 즉 우리가 원하는 것에 대한 분명한 그림을 마음 속에 그릴 수 있을 때에만 발휘된다. 그러므로 상상력을 이용하여 당신이 꿈을 실현한 모습을 영상화하고 욕구를 마음 속에 그려 보아야 한다. 그러면 내면에서 신념이 왕성하게 활동할 것이다.

"잠재 의식은 여러 가지 방식으로 우리를 이끌어 준다. 만약 당신이 그것을 제대로 이용하기만 한다면 기적도 만들어 낼 수 있을 것이다. 불가능해 보이는 일도 할 수 있게 해 주는 그것은 인간 생명의 정수이다."

제 4장

의식과 잠재 의식

The Magic
of Believing

인간의 수많은 난제를 해결해 온 잠재 의식

정신분석학자인 S. 프로이트는 다음과 같은 가설로 세계적인 심리학자들의 주목을 받았다.

"우리의 마음 속에는 어떤 강력한 힘이 있는데 지금으로서는 아직 명확하게 밝혀지지 않은 부분이다. 그것은 의식하는 마음과는 별개의 것으로 우리의 사상, 감정, 행동의 원천이 되고 있으며 끊임없이 활동하고 있다."

이것을 어떤 사람들은 '영혼'이라 부르기도 하고 '의지', '양심', '초자아', '내적인 힘', '무의식', '잠재 의식' 등으로 부르는 사람들도 있다. 그것은 우리가 '두뇌'로 알고 있는 것과는 별개이며 하나의 기관도 아니다. 즉, 육체적 물질이 아닌 것이다.

과학자도 그것이 인체 내부의 어디에 존재하는지 분명하게 밝혀 내지 못하고 있다. 그럼에도 불구하고 그것은 분명 실재하며 유사 이래 인류는 그 존재를 의심하지 않았다.

나는 그것을 '잠재 의식'이라 부르고 싶다.

그것은 인간 생명의 정수이며 그 힘의 한계는 아직도 제대로 알려지지 않고 있다. 그것은 잠시도 잠을 자는 법이 없으며 고난이나 위험이 닥치면 우리를 구하기 위해 나타나 절박한 위기를 경고해 준다. 잠재 의식은 여러 가지 방식으로 우리를 이끌어 주며, 그것을 제대로 이용한다면 기적도 만들어 낼 수 있을 것이다. 객관적으로 볼 때, 잠재 의식은 의식이 명령하고 원하는 대로 움직인다. 하지만 주관적으로는 스스로 생각하여 행동하는 것처럼 보인다.

물리학자인 에딩턴 경은 이렇게 말했다.

"정신은 일군의 원자 구조를 바꿔 놓는 힘이 있으며 원자의 운동을 좌우할 수 있다고 믿는다. 세계의 역사는 물리 법칙에 의해서가 아니라 인과율에 따르지 않는 자유 의사에 의해 변화되어 왔는지도 모른다."

잠재 의식과 직접 접촉하게 되면 어떤 일이든 해낼 수 있다. 실제로 수많은 사람들이 재산이나 권력, 명성을 얻기 위해 먼 옛날부터 잠재 의식을 활용해 왔다. 또한 육체의 병을 치료하고 인간의 수많은 난제를 해결하는 데에도 잠

재 의식이 커다란 역할을 했다는 것은 부인할 수 없는 사실
이다.

우리가 옷감을 짜기 시작하면 신이 실을 내려준다

잠재 의식의 위력을 믿고 마음의 과학을 기술적으로 사
용하라. 아니면 당신에게 적합한 방법을 발견하여 그것을
이용하는 것도 좋을 것이다.

미국의 칼럼니스트로 인기가 높았던 다나 슬리드는 언
젠가 나에게 이런 편지를 보낸 적이 있었다.

"잠재 의식은 참으로 놀라운 것입니다. 왜 세상 사람
들이 그것을 깊이 연구하고 활용하려 하지 않는지 그저
안타까울 뿐입니다. 내가 고난에 부딪칠 때마다 잠재 의
식의 도움을 받은 횟수는 이루 다 헤아릴 수 없을 지경
입니다.

간혹 단순한 작업을 하는 도중에 특집 기사의 아이디어가 떠오르기도 합니다. 그리고 잠재 의식이 말해준 곳에서 잃어버렸던 연장을 찾은 경우도 많습니다. 나는 사람들의 이름을 잘 기억하지 못하는 편인데, 이상하게도 내 앞에 있는 사람의 얼굴 윤곽, 머리색, 옷매무새를 바라보고 있으면 잠재 의식이 그리 어렵지 않게 이름을 떠올려 줍니다.

어디서 배웠는지 기억나지 않지만 나는 어떤 이야기의 줄거리나 사실이 생각나지 않으면 긴장을 풀고 머리를 세운 다음 오른손을 이마 위로 1, 2인치 올립니다. 그리고 어떤 경우에는 눈을 감고 또다른 경우에는 물끄러미 허공을 바라보기도 합니다. 그러면 기억이 되살아나는 경우가 많습니다.

인류를 위한 발명이나 작곡, 시, 소설, 그밖에 독창적인 아이디어는 무의식에서 나오는 것입니다.

잠재 의식에게 사고의 재료를 주면서 강한 욕구를 말하고 그것이 하고 싶은 대로 하도록 내버려 두십시오.

그러면 반드시 성과가 있을 것입니다.

옛말에 우리가 옷감을 짜기 시작하면 신이 실을 내려 주신다고 했습니다. 그 말은 사실입니다. 언젠가는 잠재 의식의 커다란 위력이 우리의 생활을 이루고 또한 우리를 지배하는 가장 위대한 힘이라는 것이 과학적으로 증명되리라 믿습니다."

깊은 곳에 뿌리내린 신념은 기적을 일으킨다

잠재 의식은 하나의 커다란 기구로 그것은 마음 속에 고정된 하나의 선명한 이미지이다.

잠재 의식의 힘을 동원하기 위해 사고의 파동을 높이는 방법에는 여러 가지가 있다. 어떤 경우에는 단 한 마디의 말, 한두 마디의 대화 혹은 그에 수반되는 몸짓 하나로 잠재 의식이 활동을 시작하기도 한다.

또한 커다란 재난이나 위험이 닥쳤을 경우, 어떤 행동을 해야 할 때 잠재 의식은 즉각 움직여 준다. 거의 순간적으로 결단을 내릴 수 있도록 도와 주는 것이다. 여러 가지로 착잡하고 모순된 생각들을 몰아 내고 한 곳에 집중하게 되었을 때, 잠재 의식은 특히 왕성하게 활동한다.

깊이 생각에 잠기는 것도 잠재 의식이 활동하도록 하는 하나의 방법이다.

잠재 의식을 활용하는 가장 효과적인 방법은 마음 속에 그림을 그리는 것이다. 상상력을 활동시켜 원하는 것이나 바라는 것을 실제로 얻은 것처럼 완전한 이미지로 그려 그것을 바라보는 것이다.

무엇보다 가장 오랫동안 효과가 지속되는 것은 신념에서 생겨난다. 기적이나 말로 설명하기 힘든 신기한 현상이 일어나는 것은 신념의 힘에 의해서이다. 이러한 신념은 마음 깊은 곳에 뿌리내린 신앙을 말하는 것으로 당신이 확신을 가질 때, 마음 구석구석으로 스며드는 견고한 신앙을 의미한다.

이것을 영적인 힘이라고 하든 아니면 전기적인 진동이

라고 하든 상관 없다. 그러한 신념의 힘은 흡인의 법칙을 진행시켜 물체와 욕구를 결부하며 마침내 엄청난 성과를 낳게 만든다.

신념은 마음의 템포나 사고의 주파수를 바꾸며 잠재 의식의 힘을 끌어당겨 작용시킨다. 그리고 당신의 온몸을 둘러싼 전기적인 힘을 변화시켜 당신 주위의 모든 것에 영향을 미친다. 물론 먼 곳에 있는 사람이나 물건까지도 움직일 수 있다.

강한 신념의 진동파를 띠고 있는 사람은 가끔 기적적인 일, 믿을 수 없는 일을 해내기 때문에 어떤 집단에서든 강한 신념의 소유자를 원한다.

신념은 마력과도 같은 힘을 지니고 있는 것이다.

잠자는 거인을 깨워라

미술가, 과학자, 작가들은 특별히 자기 분석을 행하지 않을지라도 잠재 의식의 힘이 얼마나 중요한지 잘 알고 있다. 예술가 중에서 흔히 '영감' 이라고 하는 잠재 의식의 힘을 경험해 보지 않은 사람은 아마도 없을 것이다.

프랑스의 심리학자인 G. 겔레는 이렇게 말하기도 하였다.

"잠재 의식과 현재의 의식이 알맞게 조화되어 작용하면 인생 최대의 성공을 거둘 수 있다."

또한 어너페릴 그레이브와 폴 페릴은 『잠재 의식은 말한다』라는 공동 저서에서 이렇게 말하고 있다.

"사람의 몸 속에는 발달이 되었든 되지 않았든 어떤 능력이 잠자고 있다. 성공하고 싶은 욕망이 그의 현재 의식에 있다면 그 '능력' 이 잠에서 깨어나 그 사람을 성공시켜 줄 것이다."

여기서 말하는 '능력' 이 잠재 의식이라는 이름으로 불리게 된 것은 불과 1세기 반 전의 일이다.

이러한 잠재 의식을 충분히 활용하려면 자신의 사고를 분명히 인식하고 그것을 자신의 것으로 내면화시켜 잠재 의식이 작용해 주기까지 수없이 반복하여 자극을 주어야 한다.

모든 인간의 몸 안에는 그 사람을 성공시킬 수 있는 재능이 잠자고 있다. 다만 그것이 사람에 따라 발휘되느냐 안 되느냐의 차이가 있을 뿐이다.

반복의 효과를 체험한 여배우

여배우인 A. 란즈베리는 어느 잡지와의 인터뷰에서 자신이 잠재 의식을 어떻게 활용했는지를 밝히고 있다. 자신의 성공은 오로지 잠재 의식 덕분이라고 믿고 있는 그녀는 이렇게 말하고 있다.

"굳이 마술적이라거나 신비하다고까지 말할 생각은 없지만 저는 잠재 의식이라는 힘을 충분히 이용했습니다. 그 방법은 아주 간단합니다. 즉, '내 몸 속에는 무한한 창조력이 있다'는 말을 되풀이하여 제 자신에게 들려주었던 것입니다. 단지 그렇게만 했을 뿐입니다.”

이 방법은 적어도 란즈베리에게는 효과적이었다. 그리고 다른 사람 역시 그 방법을 사용한다면 놀랄만한 효과를 경험할 것이다. 그리고 이제부터 내가 설명하는 또다른 방법까지 사용한다면 틀림없이 크게 성공할 수 있을 것이다.

어쨌든 당신은 지금 뭔가를 이루고 싶어 한다. 그것은 눈앞에 당면한 사소한 일일 수도 있고 원대한 목표에 대한 강한 야망일 수도 있다. 그것이 어느 것이든 분명 기회는 찾아올 것이다. 당신은 이 사실을 믿어야 한다.

‘나는 반드시 성공한다’ 고 자기 자신에게 말하라. ‘성공한다’ 고 자신에게 다짐하면 할수록 모든 것을 적극적으로 밀고 나가려는 ‘확신’ 이 서게 될 것이다. 그러면 당신은 일단 성공의 첫 발을 내디딘 셈이다.

앞서 말한 『잠재 의식은 말한다』라는 책에서도 ‘먼저 성공에 대한 욕구가 마음 속에 충만해야 한다’ 고 지적하고 있다.

당신이 미래를 위해 정해 놓은 목표가 무엇이든 먼저 마

음 속으로부터 성공을 간절히 바라지 않는 이상, 당신의 잠
재 의식은 절대로 목표를 실현시켜 주지 않을 것이다.

마음의 이중 구조

마음의 신기한 힘에 대해서는 인류 역사가 기록된 초기
부터 많은 사람들의 말이나 행동으로 잘 나타나고 있다. 그
럼에도 불구하고 겨우 100년 전부터 이 힘에 대한 연구와
실험이 시작되어 그것을 '잠재 의식' 으로 부르게 되었던
것이다.

철학자 랠프 월도 에머슨은 인간의 마음이 이중 구조로
되어 있다는 사실을 알아 내고 다음과 같이 말했다.

"나는 마음의 한 가지 상태가 다른 또 하나의 상태를 기
억하지도 생각하지도 못한다는 사실을 발견했다. 나는 1년
전에 시 한 편을 썼는데 그 시를 지은 일이나 수정한 일이
전혀 생각나지 않을 뿐더러 지금 다시 쓰려고 해도 쓸 수가

없다. 그 시를 내가 지었다는 증거는 그것이 내 필적이라는 사실과 그 사본을 몇 명의 친구들에게 보냈다는 외적 증거가 있을 뿐이다.”

오늘날 우리는 ‘의식’ 과 ‘잠재 의식’ 이라는 말을 아무렇지도 않게 사용하지만 사실 그것에 대해 명확한 지식을 갖고 있지는 못하다. 물론 의식하는 마음이 두뇌에 의해 작용한다는 사실은 누구나 알고 있는 일이다.

시험을 치를 때 벼락공부를 오랫동안 하고 있으면 머리가 아파온다. 이럴 경우 작은 얼음덩어리를 관자놀이에 대면 두통이 가시고 기분도 상쾌해진다. 또한 장시간 자동차 운전을 계속하면 두뇌는 졸음을 청하는데, 그 때 무리하게 운전을 계속하면 두뇌의 작용이 정지하여 불행을 초래하게 된다.

장기나 바둑을 두는 사람들은 흔히 어려운 국면에 놓여 정신을 집중한 다음에는 눈을 감고 손으로 머리를 짚는다. 이것은 그의 두뇌가 휴식을 원한다는 신호이다.

예를 들어 당신이 어떤 어려운 문제에 직면하여 해결 방법을 고민하다가 잠자리에 들었다고 가정해 보자.

당신은 좀처럼 잠을 이루지 못하고 이리저리 뒤척이며 골똘히 생각에 잠길 것이다. 의식하는 마음은 조급하게 굴어 당신이 잠들지 못하게 하는 것이다. 그러다가 당신이 너무 지치면 문제를 해결하려는 노력을 포기하고 잠에 빠져든다.

이 때, 잠재 의식은 그 누구도 이해할 수 없는 방법으로 당신을 도우러 나타난다. 긴장을 풀고 잠에 빠져들면 잠재 의식이 그 뒷일을 맡아서 처리해 주는 것이다. 그리하여 다음 날 아침에 눈을 떴을 때에는 도저히 풀릴 것 같지 않던 문제가 거뜬히 해결되기도 한다.

문제 해결 방법은 마치 청사진처럼 마음 속에 뚜렷이 그려져 있어 언제라도 분필을 들고 칠판에 그릴 수 있도록 준비되어 있다.

이 때, 당신이 해야 할 일은 잠재 의식이 사고의 형식으로써 그려 준 그림을 행동을 통해 구체적인 모습으로 바꿔 놓는 것이다.

정말로 잠재 의식의 힘이 존재할까?

우리가 알고 있는 것은 어디인지는 모르지만 그 힘이 틀림없이 존재한다는 사실이다. '아침에 일어나 보니 문제가 해결되었다' 고 하는 사람이 많은 것으로 보아 의식하는 마음이 명령한 것을 수행하는 잠재 의식의 힘은 분명 존재한다고 보아야 한다.

그렇다고 잠들었을 때나 잠에서 깨어났을 때에만 잠재 의식 속에서 해답을 끌어낼 수 있는 것은 아니다. 어떤 경우에는 해답이 며칠 동안 나타나지 않기도 한다. 그러다가 그것이 어느 새 잠재 의식에 의해 요리되어 어느 날 갑자기 의식하는 마음에 나타나 우리가 직면해 있는 어려운 문제들을 해결해 준다.

작가, 저술가, 작곡가, 발명가처럼 창조적인 일에 종사하는 사람들 중에는 잠재 의식의 힘을 알고 있어 그것을 교묘하게 활용하는 사람도 적지 않다.

간혹 풀리지 않는 일을 잠시 미뤄 두고 다른 일에 몰두하면 갑자기 그 일에 대한 해결책이 떠오르는 경우가 있기 때문이다.

즉, 의식이 손을 떼고 잠재 의식이 그것을 요리하여 다시 의식의 표면으로 되돌려주기를 기다리는 것이다.

의식적으로 잠재 의식의 힘을 이용하는 사람도 많은데, 미국의 작가인 그롬필드는 이렇게 말하고 있다.

"내가 전에 많은 작가들과 함께 발견한 것 중에서 가장 유익한 것은 우리의 마음 속에 잠재 의식이 존재한다는 사실이다. 그것은 우리가 잠을 자는 동안이나 휴식을 취할 때 혹은 글을 쓰는 일에서 떠나 다른 일을 하고 있을 때에도 맹렬히 활동한다."

또한 그는 의식하는 마음이 어떤 일을 잠재 의식에 맡겨 해결하는 수단으로 다른 육체적인 일을 하는 것이 유익할 때가 많다고 한다.

예를 들면 산책을 하거나 정원을 손질하면서 그것에 열중하는 것도 좋다.

한 마디로 말해 해결하고자 하는 문제를 '의식하는 마

음'에서 없애버리는 것이다.

그는 계속해서 이렇게 말하고 있다.

"나는 잠재 의식을 훈련시켜 상당히 체계적인 일도 맡길 수 있다는 사실을 발견하였다. 간혹 나는 기술적인 문제나 소설의 줄거리 혹은 작품 속의 인물에 대해 오랫동안 고민할 때가 있는데 어느 날 아침 눈을 떴을 때 문제의 착상이 떠오르기도 한다. 내가 잠자고 있는 동안 모든 문제가 완전히 해결된 것이다."

더 나아가 그는 잠재 의식이 무엇이고 그것이 어디에 있으며 어느 정도 믿을 수 있는가에 대해 연구한 결과, 다음과 같은 결론을 내리고 있다.

"잠재 의식의 판단력은 유전적인 본능이나 자신의 경험의 축적으로 틀리는 일이 거의 없다. 그렇기 때문에 나는 언제나 그것을 신뢰한다. 나는 '의식하는 마음'으로 오랫동안 생각하고 또 생각하여 내린 결정보다 오히려 그것을 더 신뢰한다."

그러면 지금부터 진지하게 한 가지 실험을 해 보자.

우선 세 사람이 모여 앉아 세 가지 색상의 종잇조각을 하나씩 만든다. 종이의 색은 선명한 원색으로 하되, 가로 3㎝, 세로 10㎝ 정도가 좋다.

첫 번째 사람은 눈을 감고, 두 번째 사람은 세 장의 종잇조각을 부채 모양으로 펴서 손에 쥔다. 세 번째 사람은 종잇조각 중 어느 하나에만 손을 댄다.

그런 다음 첫 번째 사람이 세 번째 사람이 손을 댔던 종잇조각을 알아맞히는 것이다. 이 경우, 즉각적인 육감으로 알아맞히는 것이 좋다. 순간적으로 선택한 것이 맞을 확률이 높기 때문이다.

이 실험은 잠재 의식의 활동을 이용한 것으로 머뭇거리다가 의식하는 마음으로 생각한 뒤에 말하면 맞을 확률은 3분의 1밖에 되지 않는다.

이 실험을 몇 번 반복해 보면 그 대답의 적중률에 깜짝

놀라게 될 것이다. 더욱이 연습량이 많으면 많을수록 그 적
중률은 거의 100%에 이르게 된다.

이것은 한 사람의 잠재 의식이 다른 두 사람의 잠재 의식
에서 오는 암시에 감응되어 세 사람의 잠재 의식이 서로 통
하기 때문이다.

이 경우, 종잇조각을 갖고 있는 사람은 그것에 자신의 모
든 주의력을 집중시켜야 하고, 눈을 감고 있는 사람은 지적
된 종잇조각을 틀림없이 알아맞힐 수 있다는 강한 신념을
가져야 한다.

이것은 사고의 전달이라고 하는 현상의 진위를 스스로
확인하는 작업이므로 진지하게 임해야 한다.

잠재 의식의 존재성을 확신하라

우리는 두 개의 마음을 가지고 있는데 하나는 머리로 생
각하는 '의식하는 마음'이고 다른 하나는 '잠재 의식'이

다. 이 두 개의 마음은 한 줄기의 가는 파이프로 연결되어 있다.

잠재 의식이 있는 곳을 심장이라고 생각하든 폐라고 생각하든 혹은 갈비뼈 근처라고 생각하든 그것은 아무래도 상관 없다. 중요한 것은 잠재 의식이 실제로 존재한다는 사실을 믿는 것이다.

더불어 잠재 의식은 의식하는 마음과 연결되어 있다는 것과 마치 당신의 심장이 당신이 잠자는 동안에도 쉬지 않고 활동하듯 잠재 의식도 쉬지 않고 계속 활동하고 있다는 사실을 믿어야 한다.

심장의 고동은 의식하는 마음에 따라 빠르게 혹은 느리게 작동한다. 마찬가지로 의식하는 마음은 잠재 의식의 활동을 좌우할 수 있다.

중요한 것은 잠재 의식이 존재한다는 것을 확신하고 의식하는 마음이 잠재 의식을 원하는 대로 활용할 수 있다고 믿어야 한다는 점이다. 그리고 그것이 당신의 소망을 실현시켜 준다는 사실을 굳게 믿어야 한다.

'의식하는 마음'의 중요성

의식하는 마음, 즉 현재 의식은 매우 중요하다. 왜냐하면 사고의 근원은 의식하는 마음이기 때문이다. 그것은 평소에 깨어 있을 때 일어나는 일을 알려 준다.

의식하는 마음은 우리들의 환경을 인식하고 그것을 이해한다. 더불어 우리의 정신 능력을 규제하고 과거를 회상하며 감정이나 그 의미를 이해한다.

좀 더 구체적으로 말한다면 그것은 주위 물체나 사람들을 알게 해 줄 뿐만 아니라 성공과 실패, 논쟁의 옳고 그름, 예술품의 가치 등을 알려 준다. 다시 말해 추리, 논리, 인식, 판단, 계산, 양심, 도덕 등에서 힘을 발휘하는 것이다.

의식하는 마음이 하는 일로써 우리에게 가장 유용한 것은 객관적인 세계를 인식하는 일이다. 그리고 그 인식을 위해 사용하는 기관이 바로 오감이다. 의식하는 마음은 육체의 필요에 의해 생긴 것으로 물질적 환경과 싸워야만 하는 생활에서 우리를 인도한다.

의식하는 마음의 최고의 업무는 '추리' 하는 능력이다. 그것은 귀납과 추론, 분석, 종합하는 온갖 방법을 사용해야 가능해진다.

예를 들어 딸이 간혹 음식물로 인해 피부에 이상이 발생하면서도 병원에 가는 것을 거부한다고 하자. 이 때, 당신은 어떻게 할 것인가?

먼저 추리하는 힘을 작용시킬 것이다. 딸이 하루에 무엇을 얼마나 먹는가에 주의하고 끈기 있게 관찰한 결과 딸기를 너무 많이 먹어 피부에 부스럼이 생겼다는 것을 알게 될지도 모른다.

이러한 과정에서 당신은 감각이 제공한 여러 종류의 정보 자료를 비교하여 비슷한 것과 그렇지 않은 것을 선별하고 분석한다. 그런 다음, 최종적으로 딸에게 딸기를 먹여서는 안 된다고 결론을 내리게 된다.

만약 당신이 '셰익스피어의 시에 관한 고찰' 이라는 제목으로 졸업 논문을 쓰고자 한다면 셰익스피어의 많은 시를 읽고 거기에서 어떤 특징을 이끌어 내야 한다. 그런 다

음 그것을 정리하여 당신의 이론을 실증적으로 제시해야
만 한다.

그 일을 위해 당신은 의식하는 마음의 분석력이나 예리
한 관찰력에 의존할 것이다. 이 때, 책을 많이 읽는 것만으
로는 부족하며 치밀하게 추리된 결론을 엮는 능력이 필요
하다.

결국 잠재 의식만 중요한 것이 아니라 의식하는 마음도
어려운 일을 해내고 있으며 또한 책임을 지고 있음을 잊
어서는 안 된다.

"어떤 결정을 내리기 전에 망설여진다면 우선
여러 가지 데이터를 충분히 수집한 다음 의식하는
마음을 사용하여 그 데이터를 순서 있게 배열한다.
그리고 그 분석이 잘못되지 않았는가를 확인한 후,
그 결정을 잠재 의식에 맡긴다."

잠재 의식은 문제 해결의 열쇠

The Magic
of Believing

결정하기 어려운 순간에는 잠재 의식을 활용하라

만약 당신이 대학생인데 여름 방학 동안에 아르바이트를 해서 등록금도 보태야 하고 또한 부족한 영어 실력도 보충해야 한다면, 둘 중에서 어느 것을 선택해야 할지 상당히 고민스러울 것이다.

이 때, 어느 것을 선택할지는 잠재 의식에게 맡기는 것이 좋다.

또한 졸업생에게 두 개의 일자리가 주어졌을 경우 어느 쪽을 선택해야 할지 모른다면 그것 역시 잠재 의식에게 맡기면 된다.

이 경우, 당신은 두 가지 경우에 대한 여러 가지 데이터를 수집해야 한다. 그리고 의식하는 마음을 사용하여 그 데이터들을 순서적으로 배열한다.

모든 데이터는 가능한 한 빠짐없이 수집하고 그 분석이 잘못되지 않았는가를 확인한다. 그런 다음에 그 결정을 잠재 의식에게 맡기는 것이다.

이 경우, 주의할 것은 의식하는 마음으로 더 이상 숙고하는 일이 없어야 한다는 점이다.

잠재 의식은 정확한 결정을 내려 조금도 의심할 여지가 없는 결정을 당신에게 알려 줄 것이다.

어쩌면 당신은 지금 모든 것이 뜻대로 되지 않아 절망 상태에 빠져 있을지도 모른다. 만약 그렇다면 당장 그런 약한 생각을 내던져야 한다. 당신의 소중한 잠재 의식이 그러한 부정적 생각의 영향을 받지 않도록 보호해야 하기 때문이다.

자기 자신을 철저하게 믿는 강한 잠재 의식만이 어떤 어려운 문제에 부딪칠지라도 능히 그것을 극복하고 이겨 낼 수 있다.

고개를 높이 들고 어깨를 쫙 펴고 힘차게 걸으며 승리의 콧노래를 불러라.

강한 '신념' 이야말로 실천 행동의 토대가 되며, 모든 성공의 열쇠인 것이다.

잠재 의식은 삶의 위대한 원동력

잠재 의식은 실존하는 것으로 헤밍웨이가 말했던 것처럼 본능에 그 뿌리를 내리고 있다. 실제로 의식하는 마음은 본능적인 것이 아니므로 자신의 인간성이나 동기, 의도 등을 속일 수가 있다. 이것을 두고 심리학자들은 '합리화의 조작' 이라고 부르는데 의식하는 마음에는 이런 조작을 할 수 있는 소지가 다분히 있다.

그러나 잠재 의식은 결코 자기 자신을 속이지 않는다.

우리가 받는 인상은 하나도 빠짐없이 우리의 잠재 의식 속에 그대로 저장된다. 예를 들어 붉게 물든 저녁 노을을 바라보며 아름답다고 생각했다면, 잠재 의식은 그러한 마음의 반응을 받아들여 그대로 보존해 둔다. 그런 다음 언젠가 그것이 필요하다고 요구하면 그것을 당신에게 고스란히 돌려준다.

좋아하는 사람이나 싫어하는 사람, 믿는 사람이나 믿지 않는 사람을 만났을 경우에도 잠재 의식은 당신을 도와 그에 대한 인상을 고치도록 당신을 자극하거나 주의를 촉구한다.

이처럼 잠재 의식은 마치 거대한 저장고처럼, 의식하는 마음이 끊임없이 보내주는 사실이나 경험의 기록을 보존한다. 그리고 그것을 잘 간직해 두었다가 당신이 그것을 필요로 할 때 고스란히 꺼내 주는 것이다.

다른 한편으로 잠재 의식은 에너지의 발전소 역할을 한다. 당신이 몹시 지쳐있을 때 충전을 해 주기도 하고, 공포에 떨고 있을 때 원기를 북돋워 주기도 하며, 실의에 빠져 있을 때 자신감을 갖도록 용기를 주는 것은 모두 잠재 의식의 힘이다.

시공을 초월하는 잠재 의식

잠재 의식의 작용은 마치 넓은 지역에 중계되는 송수신의 강력한 기능을 완비한 방송국과 같다. 따라서 우리는 잠재 의식을 통해 육체적, 정신적으로 교신을 할 수가 있다. 심지어 영적인 세계와도 교신할 수 있다고 한다.

잠재 의식 연구자들 중에는 한 걸음 더 나아가 과거나 현재, 미래와도 교신할 수 있다고 주장하는 사람들도 있다. 어쩌면 잠재 의식 속에는 그 이상의 어떤 신비로운 힘이 들어 있을지도 모른다.

어쨌든 잠재 의식은 위대한 힘을 지니고 있어 우리가 요구하기만 하면 어떤 것이라도 공급해 준다.

그 강력한 힘에 대한 우리의 사고 방식과 확신이 증가하면 증가할수록 우리가 누리는 성과도 커진다. 그러므로 커다란 꿈을 설계하고 그 실현에 대한 확신을 가져라. 잠재 의식은 과거의 지혜를 체득하고 현재의 인식과 지식으로써 미래의 생각과 꿈을 실현시켜 준다.

잠재 의식이 지니고 있는 특징은 직감, 감정, 확신, 영감, 암시, 추리, 상상, 조직력 등이다. 그런데 무엇보다 중요한 사실은 잠재 의식을 구사하는 능력이 증가하고 그 원리를 알면 알수록 이러한 특징 이외에도 추가할 항목이 늘어난다는 점이다.

때로 잠재 의식은 육체적 감각을 초월하여 인식하기도 한다. 즉, 당신이 모르는 것도 잠재 의식은 알고 있는 것이다. 주목할 만한 사실은 잠재 의식은 의식하는 마음이 활동을 정지하고 있을 때 가장 효과적으로 활동하여 그 최고의 직능을 다한다는 점이다.

잠재 의식의 세 가지 중요한 기능

첫째, 잠재 의식은 육체의 욕구를 직감적으로 감지하여 육체의 건강이나 존속 그 자체를 의식하는 마음의 힘을 빌지 않아도 우리의 몸을 유지하고 보호한다. 즉, 우리의 건강은 잠재 의식의 수중에 깊이 들어 있는 것이다.

둘째, 잠재 의식은 당신이 위기에 처했을 때, 당신을 도우러 나타난다. 그럴 경우 잠재 의식은 잠시도 지체하지 않고 즉각 행동을 개시하여 의식하는 마음과 상관 없이 최고 지휘자 역할을 담당한다. 확신을 가지고 신속 정확하게 활동하는 것이다.

예를 들어 당신이 아프리카 정글 속에서 낮잠을 자고 있는데, 갑자기 사자가 나타났다고 해 보자. 그럴 경우 당신이 갑자기 눈을 뜨고 깜짝 놀라 벌떡 일어난다면 이것은 매우 위험한 짓이다. 이 때, 움직이면 위험하다는 것을 잘 알고 있는 잠재 의식이 활동을 개시한다.

셋째, 잠재 의식은 ‘정신력’ 이 활약하는 세계이며 그 위력은 거의 무한대라고 해도 과언이 아니다. 그 힘을 신뢰하고 활용하기만 한다면 우리는 엄청난 광맥을 발굴할 수 있을 것이다.

의식하는 마음이 중요한 문제를 해결함에 있어서 잠재 의식에게 도움을 청하고 그것에 의존하는 것은 잠재 의식에 그러한 영적인 힘이 있기 때문일 것이다.

특히 일상 생활의 과정을 넘어 서서 성공을 가져다 주는 사건들은 잠재 의식의 영적인 힘의 작용이라고밖에 달리 표현할 길이 없다. 이제부터 나는 일상적인 보통 방법으로

는 달성할 수 없는 성공 기술을 당신에게 가르쳐 주려고 한
다.

나는 이 기술을 사용하면 틀림없이 성공한다는 사실을
발견했고 또한 그 성과를 실증할 수도 있기에 그것을 당신
에게 가르쳐 주려는 것이다.

정당한 요구를 하라

성공을 위해 잠재 의식을 활용하는 데 있어서 한 가지 주
의할 점이 있다. 그것은 잠재 의식을 이끌어 내 활약시키려
면 '정당한 것만 요구해야 한다' 는 것이다.

예를 들어 다른 사람이 아무런 결점도 없이 훌륭하게 잘
하고 있는 것을 억지로 빼앗으려 한다면 당신의 소망은 이
루어지지 않을 것이다. 이 경우, 당신의 잠재 의식은 당신
의 말을 듣지 않을 뿐만 아니라 오히려 벌을 주려 할 것이
다.

잠재 의식은 그 자체의 의사로써 움직이는 경우가 많다는 사실을 기억하라. 잠재 의식 자체가 독자적으로 행동을 일으켜 당신을 벌할 수도 있는 것이다.

그러므로 당신의 욕구는 언제나 정당한 것이어야만 한다. 잠재 의식과 마주할 때, 당신의 마음은 언제나 깨끗해야 하는데 그것은 다른 사람과 마주 앉는 경우와 마찬가지이다.

헛된 이기심은 성공으로 연결될 수 없다. 이기심은 당신 자신을 파멸로 이끌 뿐이다.

총력을 기울일 목표가 당신을 위해 정당한 것인지 그리고 그 일이 당신의 역량으로 해낼 수 있는 일인지를 검토하고 확인하라. 만약 당신이 오페라에 대해 전혀 공부한 적이 없다면, 아무리 최고 오페라단에 입단하고 싶다고 잠재 의식에 부탁할지라도 그것은 이루어질 수 없다.

우선 당신의 재능을 다듬고 모든 준비를 갖춰야 한다. 물론 먼 미래를 내다보고 준비를 하면서 그런 꿈을 갖는 것은 좋다. 그럴 경우에는 잠재 의식이 그 준비를 위해 방향을 제시해 줄 것이다. 그러면 시간과 노력이 절약되어 쉽게 목적지에 도달할 수 있다.

절대적 확신을 가져라

가까운 미래의 일이든 먼 장래의 일이든 당신이 일단 목표로 설정하고 방향을 잡았다면 그것에 대해 절대적인 확신을 가져야 한다.

프랑스의 철학자 T. S. 쥬프로아는 "잠재 의식은 그것을 믿지 않는 자를 위해서는 절대로 일하려 하지 않는다"라고 말한 바 있다.

당신의 희망이나 욕구를 잠재 의식에 전달하려면 이미 그 일을 성취한 자신의 모습을 마음 속으로 그려 볼 수 있어야 한다. 커다란 꿈을 실현하여 성공한 당신의 모습을 생각하고 느낄 뿐만 아니라 이미 성공자가 된 것처럼 행동하는 것도 좋다.

결코 서두르지 말라

일단 잠재 의식에 일을 맡겨 놓았다면 그 일을 처리하는 데 시간이 얼마나 걸리느냐는 전적으로 잠재 의식이 알아서 할 일이다. 그러므로 당신은 신뢰와 인내로써 기다리고 있기만 하면 된다.

모든 준비가 완료되면 잠재 의식은 당신에게 여러 가지 생각이나 계획 그리고 실천해야 할 과제 등을 암시해 줄 것이다. 그러면 당신은 그 암시를 받아들여 명령에 따라 행동하기만 하면 된다.

당신은 우선 정당한 요구를 하고 잠재 의식의 힘을 신뢰하며 그 성과가 나타나기를 끈기 있게 기다려야 하는 것이다. 그러다가 잠재 의식이 어떤 힌트를 주었을 때 의심을 품거나 주저하지 말고 그 명령에 순종해야 한다. 이것이 신념을 행동화하는 길이다.

절대로 의심하거나 망설이지 말라.

마음의 문을 활짝 열고 잠재 의식의 명령을 곧바로 따라야 한다. 당신이 그것을 절대적으로 신뢰한다는 것을 행동으로써 증명해 주지 않는 한, 잠재 의식은 절대로 당신의 일에 최선을 다하지 않을 것이다.

신념 없이 잠자고 있는 거인을 마음대로 부려먹을 수는 없는 것이다.

엉뚱한 충동에도 순종하라

경우에 따라서는 문제가 전혀 뜻밖의 상황에서 풀리기도 한다. 잠재 의식은 간혹 당신이 실천해야 할 일을 완전한 프로그램을 짜서 보여 주지 않는 경우도 있으므로, 도저히 납득이 가지 않을 때도 있을 것이다.

때로는 당신이 원하는 성공과 논리적으로 전혀 관련이 없을 뿐만 아니라 아무런 의미도 없을 듯한 일을 하고 싶은 충동을 느낄 때도 있다.

예를 들어 당신이 새 양복을 한 벌 꼭 갖고 싶어 돈을 마련할 궁리를 하고 있는데, 갑자기 파티에 참석하고 싶다는 충동이 일었다고 하자. 그럴 경우에는 그 명령에 복종하여 파티에 참석해야 한다. 그 파티장에서 당신에게 새 양복을 마련해 줄 사람이 기다리고 있을지도 모르기 때문이다. 어쩌면 그는 새로 만든 양복을 입힐만한 모델을 찾던 중에 당신을 발견하고 모델이 되어 달라고 부탁할지도 모른다. 그리고 그 답례로 당신은 최고급의 양복을 얻게 될 수도 있을 것이다.

세상일이란 간혹 엉뚱한 곳에서 실마리가 풀리기도 하는 경우가 많다.

믿고 복종하고 참고 기다려라

잠재 의식의 위력을 실감한다는 것이 그리 쉬운 일은 아니다. 그러나 수영을 배우는 사람이 수영 선생님을 믿지 않으면 제대로 배울 수 없는 것과 마찬가지로 당신이 잠재 의식을 믿지 않으면 애초부터 그 힘을 활용하기는 어렵다.

'잠재 의식에는 내가 부탁하는 모든 일을 실현시켜 줄 힘이 있다'는 사실을 믿어라. 잠재 의식의 위력과 지혜를 믿어야 하는 것이다. 잠재 의식이 '이렇게 하라'고 하면 설사 그것이 불합리하고 다소 엉뚱하게 생각될지라도 확고한 신념을 가지고 그것을 실천하라.

잠재 의식을 믿고 복종하고 참고 기다리는 일이야말로 성공에 성공을 거듭하는 삶을 살아가게끔 해 준다.

"해낼 수 있다고 믿어라. 그러면 해낼 수 있다.
어떤 일이든 그 일을 할 수 있다는 신념과 함께 시
작한다면 그것은 훌륭하게 완성된다. 성공으로 이
끄는 힘, 성공의 원동력은 다름 아닌 신념이다."

신념은 삶의 강력한 무기

The Magic
of Believing

신념은 성공의 원동력

잠재 의식으로 하여금 창조적인 일을 하도록 하는 데 있어서 커다란 힘을 발휘하는 것이 바로 '암시'와 '암송', '반복'이다.

실제로 '나는 해낼 수 있다!'라는 말을 여러 번 암송하면, 즉 그 일을 해낼 수 있다는 신념과 함께 한다면 그것은 훌륭하게 완성될 것이다.

굳은 신념은 다른 사람들이 도저히 해낼 수 없다고 포기한 일도 성공시킬 힘을 준다. 성공으로 이끄는 힘 그리고 성공의 원동력은 바로 신념에 있다.

운동 경기나 각종 단체 행동에서 어떤 난관에 부딪치면 다시 한 번 파이팅을 외치거나 누군가가 나서서 '우린 이길 수 있다'라고 힘을 북돋우는 광경을 볼 수 있는데, 그러한 외침이 패색이 짙던 상황을 역전시키기도 한다.

총알이 빗발치듯 날아오는 싸움터나 불꽃 튀는 경기장에서도 마찬가지이다. 갑작스런 신념의 외침이 혹은 도전의 절규가 사람들에게 전기 같은 충격을 주어 사기를 불러일으키는 것이다.

침체된 분위기를 반전시켜 승리로 이끄는 힘은 승리의 신념이 있는 어떤 사람이 '할 수 있다'라고 외치는 데서 비롯된다.

히틀러와 무솔리니

히틀러가 독일 국민들을 하나로 뭉치게 하여 세계를 공격했을 때에도 암시의 힘을 이용했다. 프랑스의 심리학자인 리넨 포벨은 히틀러를 분석한 뒤, "그는 암시의 법칙과 그 다양한 응용법을 잘 알고 있었다"라고 평가하고 있다.

히틀러는 그 원리를 잘 알고 있었기에 노련한 흥행사적 기술을 사용하고 온갖 선전 도구를 이용하여 대대적인 운동을 벌임으로써 암시를 활용했다.

'암시'는 그 사용 방법을 아는 사람이 쓰면 무서운 무기가 되기도 하는데, 실제로 히틀러는 최면술을 써서 국민들에게 자신의 사상을 심어 주었다.

그는 독일 국민의 마음을 사로잡기 위해 전국에 수많은 나치스의 커다란 깃발과 포스터 그리고 슬로건이 물결치도록 만들었다. 또한 가는 곳마다 히틀러의 커다란 사진이 걸려 있지 않은 곳이 없었다.

'하나의 독일, 하나의 민족, 하나의 지도자'는 그들의 성가가 되었고 그것은 사람들이 모이는 곳이면 어디서든 불리는 노래였다. 또한 '오늘 우리는 독일을 가진다. 내일은 온 세계를 가진다'는 독일 청년들의 행진곡은 날마다 거리를 휩쓸었다.

그리하여 독일 국민들은 자신들이 지상에서 가장 우수한 민족이라는 신념의 포로가 되어 버렸던 것이다. 그 신념이 가장 고조되었을 때, 그들은 그것을 실험하고 증명하는 방법으로 전쟁을 선택했다.

제2차 세계대전에서 독일이 패망한 것은 그 선전의 배경이 된 사상이 거짓이었기 때문이다. 히틀러가 사용한 암시의 힘은 기교로서는 매우 강했지만 그 기반에 정당성이 없었기에 그는 결국 비참한 최후를 맞이했으며 독일은 패망했던 것이다.

그렇기 때문에 당신의 욕구는 정당해야만 한다.

이탈리아의 독재자였던 무솔리니 역시 암시의 법칙을 이용하였다. 그는 이탈리아를 위해 그리고 파시스트의 당수로서 다음과 같은 슬로건을 만들었다.

"믿으라, 따르라, 싸우라!"

"이탈리아는 세계에서 그 고유의 생활권을 가져야 한다."

이러한 선전 문구가 수많은 고층 건물을 뒤덮었고 독일과 마찬가지로 매스컴을 통해 국민들 속으로 파고들었다.

스탈린 역시 마찬가지이다. 미국의 근대 최면학회는 1946년 11월에 이렇게 발표한 바 있다.

"반복에 의한 암시의 위력을 인식하고 있던 스탈린은 그것을 사용하여 국민에게 러시아가 강국이라는 신념을 심어 주려 했다."

그리고 그 학회에서는 스탈린을 세계에서 가장 유능한 최면술사 중의 한 사람으로 인정하고 있다.

일본의 군국주의도 국민을 광신적인 전투원으로 만들기 위해 암시의 힘을 이용했다. 일본 국민들은 태어나면서부터 자신이 하늘의 자손이며 세계를 지배할 운명을 타고났다는 암시를 받아왔던 것이다. 그리고 그들은 자라면서 그렇게 되기를 빌고 노래하고 믿었지만 결국은 불행한 결과를 초래하고 말았다.

잘못된 믿음

러일전쟁 이후, 일본은 44년 동안이나 해군의 하사관이던 스기노 마고이찌를 결사대의 원조로서 불사의 영웅으로 만들어 신격화하였다.

그를 위해 수많은 기념비가 세워지고 찬양의 노래나 무용담이 수없이 나도는 가운데 젊은이들은 그의 선례를 따르도록 가르침을 받았다.

그 결과, 수많은 젊은이들이 전쟁에 참전하여 기꺼이 죽음의 길을 택했다.

그런데 아이러니컬하게도 스기노 자신은 죽지 않고 살아 있었다. 여순항에 정박한 러시아 함대를 침몰시키는 작전을 수행하다가 전사한 것으로 알려졌던 그는 사실 중국의 작은 배에 의해 구조되었던 것이다.

하지만 자신이 온 국민들 사이에 영웅으로 받들어지고 있다는 사실을 알게 된 그는 자신의 이름을 바꾸고 만주에서 방랑 생활을 하며 숨어 지냈다.

1946년 11월, 도쿄로부터 날아온 AP 통신의 전보는 그가 오랜 시간 동안의 방랑 생활 끝에 본색이 탄로나 일본으로 송환된 경위를 알리고 있다.

하지만 그 때는 이미 그의 영웅담이 충분한 효과를 거둔 뒤였다. 그 무서운 신앙은 가공의 사실에 기초한 것임에도 불구하고 2차 대전 중에 무수히 많은 일본의 젊은이들을 가미가제 특공대라는 자살 비행으로 몰아갔다.

암시의 힘은 반복에서 나온다

수많은 신비주의적 종교나 여러 가지 교리, 심리학적 연구의 공통점을 살펴보면 그것은 '반복' 에 있다. 어떤 동작이나 말, 형식을 반복하거나 혹은 아무런 의미도 없는 말을 중얼거려 외울 뿐이지만 거기에는 뭔가 숨겨진 의도가 있다.

종교 연구가 윌리엄 시브르크의 말에 의하면 미개지의 마술사나 고승, 마법사, 그밖에 여러 기괴한 종교의 신봉자들은 뭔가 한 가지 말을 외우거나 동작을 되풀이함으로써 영혼을 불러 내고 마술을 행한다고 한다. 그리고 그들의 신도들은 말과 의식, 중얼거림 등을 계속 반복하도록 명령받는다.

실제로 대부분의 종교 단체에서는 일정한 문구를 되풀이하여 외움으로써 소기의 효과를 올릴 수 있다고 신자들에게 가르치고 있다.

불교나 회교에서도 날마다 정해진 일정한 시각에 기도

를 올리도록 되어 있다.

모든 종교는 어떤 단순한 일을 되풀이한다는 공통점을 지닌다.

미개인들이 북을 두드리는 소리는 신봉자들의 영성을 뒤흔들어 죽음조차 겁내지 않을 만큼 정열적으로 만들어 놓는다.

인디언들 역시 리드미컬하고 일종의 전신 운동처럼 보이는 춤을 추는데, 그들은 그러한 춤을 추면서 강한 믿음으로 기우제를 지내기도 한다.

또한 회교도 중에는 빙글빙글 몸을 돌리면서 춤을 추는 독신자들도 있다. 그처럼 반복되는 운동은 신앙심이나 바라는 바가 이루어진다는 믿음에 근거하고 있다.

옛날에는 전쟁을 할 때, 북소리로 병사들의 사기를 고무시켰고 오늘날의 산업 현장에서는 음악을 틀어 줌으로써 작업 능률을 올리고자 한다.

반복되는 암시의 미묘한 힘은 우리의 이성을 정복해 버리기 때문에 특히 매스 미디어를 이용한 광고에서 이것을 많이 이용한다. 반복을 통해 광고의 메시지를 잠재 의식 속에 강제로 집어넣는 것이다.

설사 우리의 이성이 그 광고에서 별다른 감명을 받지 않았더라도 결국에는 그것을 믿게 되어 그 상품을 사게 된다.

되풀이되는 암시는 믿음을 굳건하게 해 준다

지금까지 모든 종교의 개혁자들은 반복된 암시의 위력을 효과적으로 활용하여 커다란 성과를 거두었다. 우리는 탄생과 동시에 부모의 반복적인 교리의 주입 속에서 자라며 부모 또한 그렇게 자라왔다. 거기에는 분명 문명적인 마술이 있는 것이다.

'열중하고 있으면 아프지도 않다'는 말이나 '모르는 것이 약이다' 라는 말에는 나름대로 의미심장한 뜻이 담겨 있다. 실제로 우리는 의식이 활동할 때라야 비로소 위험과 고통을 느끼는 것이다.

간혹 멋모르고 달려들지 않으면 해낼 수 없는 일도 있다. 되돌아보았을 때, 정말로 그것을 의식했다면 해낼 수 없었을 것이라고 여겨지는 일도 많은 것이다.

심리학자들은 아기들이 지닌 공포심은 두 가지밖에 없다고 한다. 하나는 큰소리에 대한 공포이고, 다른 하나는 낙하의 공포이다.

그밖에 우리가 지닌 모든 공포는 지식 혹은 경험의 결과에서 오는 것이다. 다시 말해 우리의 두려움은 누가 가르쳐 주거나 보고 들은 데서 생겨난 것이다.

소용돌이치는 사상의 회오리 속에서도 굳건하게 자신의 사상을 지키는 사람은 마음이 강하기 때문이다. 반대로 어떤 사람은 산들바람에도 쉽게 마음이 바뀌고 만다. 물론 그것은 잠재 의식에서 오는 어떤 암시에 의해 움직인 결과이므로 자신의 잠재 의식을 보호하여 생각을 굳건히 지켜내야 한다.

그리고 마음이 흔들리지 않으려면 반드시 암시의 되풀이가 필요하다.

암시의 몇 가지 사례

암시의 원리는 인류의 역사만큼이나 오래된 것으로 성서의 창세기에 보면 그러한 원리가 상당히 많이 나와 있다. 한 예로 야곱은 자신의 소유라고 주장할 수 있는 가축에게 그 원리를 적용하여 부자가 되었다.

오를레앙의 연약한 소녀 잔 다르크는 자신의 귀에만 들리는 암시를 듣고 전쟁터에 나가 프랑스를 구했다. 그녀는 자신의 신념을 병사들에게 심어 주어 막강한 영국군을 쳐부수도록 독려했던 것이다.

암시는 신념을 갖게 하는 도구이고 신념은 모든 행동의 열쇠이다. 미국의 심리학자인 윌리엄 제임스는 이렇게 말한다.

"신념은 의심스러운 일의 성공적인 결과를 미리 확약해 주는 유일한 것이다. 또한 신념은 자신보다 훨씬 더 높은 곳에 있는 힘에 부탁하여 그 힘에 의해 행동하고 그 부탁의 실현을 창조한다."

한 마디로 말해 '신념은 사실의 어머니'인 셈이다.

노트르담 팀의 축구 코치인 K. 로쿤은 어느 날 강팀을 맞이하여 고전 끝에 전반전을 마치고 나자 더 이상 경기를 할 의욕마저 잃고 말았다. 그 때, 선수들은 탈의실에서 신경을 곤두세우고 코치가 들어와 격려해 주기를 기다리고 있었다.

이윽고 문이 조금 열리더니 로쿤이 살며시 머리를 들이밀었다. 그런데 그는 뜻밖이라는 표정으로 선수들을 둘러보더니 이렇게 말하는 것이 아닌가!

"아, 이거 실례했습니다. 노트르담 팀의 방인 줄 알고……."

그리고는 문을 닫고 가 버렸다.

선수들은 처음에는 어이없다는 듯한 표정으로 서로의 얼굴만 쳐다보았으나 곧 자신들이 모욕을 당했다는 것을 알고는 몹시 격분했다. 그리하여 후반전이 시작되자 그들은 투혼을 불사르며 열세를 만회하여 역전승을 거두었다.

로쿤은 선수들의 잠재 의식에 끌려 다닌 것이 아니라 반대로 그들에게 '이긴다'는 생각을 심어 주는 데 성공하여 승리를 유도했던 것이다.

1934년, 로즈볼 게임이 시작되기 전에 미식축구 전문가들은 전력이 약한 컬럼비아 팀이 당연히 스탠포드 팀에게 질 것으로 예상했다. 그들은 로우 리틀 코치가 날마다 컬럼비아 팀 선수들의 정신력을 강화해 왔다는 사실을 간과했던 것이다.

결국 그 경기에서 모든 사람들의 예상을 뒤엎고 컬럼비아 팀은 당당히 우승을 하였다.

또한 1935년에는 누구도 거들떠보지 않았던 무명의 약팀 곤자가 대학팀이 강팀인 워싱턴 스테이트 팀을 무려 13 대 6으로 눌러버렸다.

사실 그 경기에서는 수많은 사람들이 워싱턴 스테이트 팀이 이기는 것은 당연한 일이라 생각하고 있었고 다만 어느 정도의 점수 차로 이길 것인가에 관심을 기울이고 있었던 것이다.

신문은 곤자가 팀의 부감독 샘 대글리가 털어놓은 성공

비결을 대서특필했다.

"곤자가 팀은 선수들의 사기만 믿고 경기에 임했다. 그리고 시합이 시작되기 전에 녹음기로 가장 영감적인 격려의 말을 반복해서 들려주었다."

결국 반복과 암시가 형세를 바꿔 놓은 것이다.

어떤 스포츠의 코치도 승부는 선수들의 마음자세에 달린 것이지 실력으로 결정되는 것이 아님을 알고 있다. 물론 육체적 훈련은 미리 준비되어 있어야 하지만 자각하는 의식도 훈련되어 팀워크가 잘 이루어져야 한다. 팀을 승리로 이끄는 원동력은 하나로 연결된 선수들 전원의 잠재 의식인 것이다.

암시는 경제 현상에도 작용한다

암시의 힘은 증권 시장 주가의 오르내림에도 작용한다. 나쁜 뉴스는 주가를 끌어내리고 좋은 뉴스는 주가를 순식

간에 끌어올리는 것이다.

사실, 주식의 본래 가치에는 변화가 없지만 시장을 움직이는 사람들의 생각의 변화가 주식을 가진 일반 주주들의 마음에 영향을 미치게 된다.

주식의 거래를 성립시키는 것은 어떤 사태가 일어났는가 하는 문제가 아니라 주주들이 어떤 사태가 일어날 것으로 믿느냐 하는 것뿐이다.

'불황' 이라는 말도 여기에 휘말리는 사람들의 마음에 따라 여러 가지 반응을 초래하게 된다.

'시기가 나쁘다' 는 말이 사람들의 입에 오르내리기 시작하면 '사업을 확장할 때가 아니다. 광고 예산을 줄여라. 지출을 억제하라' 등의 생각이 지배적이고 결국 장사가 안 된다.

이것은 결국 상품을 판매해야 할 상인들의 마음이 물건을 사려는 사람의 마음에 다음과 같은 암시를 주기 때문이다.

'물건은 다음에 사십시오. 경기가 가라앉으면 현금을 가

지고 있어야 합니다. 새 옷이나 새 자동차 따위는 없어도 살아갈 수 있습니다.'

만약 불행하게도 많은 사람들이 '불황'을 믿는다면 본래는 가벼운 경기 후퇴에 지나지 않을지라도 본격적인 경기 불황으로 확대되어 버린다. 불길한 생각이 현실화되어 나타나는 것이다.

따라서 불경기 때는 연일 '장사는 안 되고 미래가 보이지 않는다'는 등의 뒤숭숭한 소문이 나돌게 된다. 이것이 마침내 전국적인 소리가 되어 수백만에 이르는 사람들이 재기는 불가능하다고 믿어 버리게 되는 것이다.

제아무리 의지가 강한 사람도 그 정도가 되면 기가 꺾이고 만다. 돈의 흐름은 아주 민감한 것이기 때문에 공포의 암시가 계속되면 실제로 그 반응이 나타나 파산하는 사업가와 실업자가 급증하게 된다.

한 나라의 경제를 파국으로 몰아가는 것은 적대적 암시하나만으로도 충분하다. 대중의 공포는 그들이 두려워하던 것을 현실화시키기 때문이다.

사람들이 불경기를 두려워하지 않으면 불경기는 찾아오지 않는다. 전쟁 역시 마찬가지이다. 사람들이 전쟁을 생각하지 않으면 그런 것은 현실 세계에 존재하지 않는 공허한 것이 되어 버린다.

뛰어난 심리학자이자 노스웨스튼 대학 총장을 지낸 W. D. 스코트 박사는 이렇게 말했다.

"실업계의 성공이나 실패는 능력이 아니라 마음자세에 달려 있다."

사람은 신념이나 생각의 지배를 받는다

사람은 어디에서든 같은 감정, 같은 영향, 같은 진동에 의해 지배를 받는다. 또한 개개인이 모여 형성된 모든 집단 내에서는 어느 곳이든 생각이나 신념의 지배를 받지 않을 수 없다.

따라서 시민 전체가 생각하는 바가 시의 모습이 되고 국민 전체가 생각하는 바가 국가의 모습이 된다. 이것은 개개인의 모습 역시 마찬가지이다. 개인이 생각하고 믿는 것이 바로 자신의 이미지가 되는 것이다.

지혜의 왕으로 알려진 솔로몬은 이렇게 말했다.

"사람이 마음 속에 품고 있는 생각 그 자체가 바로 그 사람이다."

1938년 10월 20일, 그 날 밤 오선 웰스와 머큐리 극장의 단원들은 '화성으로부터 온 기괴한 우주인들이 지구를 공격한다' 는 내용을 극화하여 방송에 내보내고 있었다.

그 방송은 수많은 사람들을 공포 속으로 몰아넣어 사람들은 집 밖으로 뛰쳐나갔으며 경찰서는 군중으로 포위되고 전화국은 전화 폭주로 인해 마비 사태에 이르렀으며, 뉴저지의 고속도로는 교통이 두절되었다.

방송이 나가자마자 수백만의 청취자들이 실제로 외계인이 지구를 습격하는 것으로 믿어 버렸던 것이다.

이처럼 '믿는다는 것' 은 기괴하고도 엄청난 사건을 불러일으키는 힘을 지니고 있으며 그것을 현실로 만들어 놓기도 한다.

흔히 세일즈맨들은 이른 아침에 회의를 하면서 자신감을 고취하도록 구호를 외치거나 노래를 부르기도 한다. 상품을 팔 수 있다는 자신감을 잠재 의식 속에 심어 놓는 것이다.

군대에서도 훈련을 통해 끊임없는 명령을 함으로써 병사들의 잠재 의식 속에 복종하는 습관이 배도록 한다.

그리하여 그것은 점점 무의식적인 것이 되어 버리고 병사들은 반사적으로 움직이게 되며 그것은 실전에서도 절대적으로 필요한 자신감을 북돋워 주는 요인이 된다.

그렇기 때문에 사람은 좋은 습관을 들일 필요가 있다.

당신의 행동 하나하나는 모두 습관을 형성하는 하나의 싹이 될 수 있다. 같은 행동이 반복될수록 점점 자동적이고 무의식적으로 행동하게 되는 것이다.

그러므로 당신은 잠재 의식에 한평생 지니고 있어도 좋을 정당한 암시만 주려는 습관을 길러야 한다.

확신을 심어 주기 위한 분위기 조성

흔히 비밀 단체에서 새로운 회원을 가입시킬 때 절차를 까다롭게 하거나 장중함을 연출하는 데에는 그만한 이유가 있다. 그것은 신입 회원의 충성심을 유발하고 확고한 소속감을 심어 주기 위해서이다.

특히 종교 단체의 입회는 언제나 엄숙한 형식 밑에서 행해진다. 여러 가지 조명 기구, 이색적인 의상, 미묘한 음악 등을 동원하여 신비한 분위기를 자아내는 것이다.

그런 분위기는 그 자리에 있는 사람들의 마음에 뭔가를 심어 주고 엄숙한 느낌을 받도록 이끈다.

강신술을 행할 때 수정구를 들여다보는 행위, 집시들이 운명을 점칠 때 간주 음악을 사용하는 행위는 모두 사람들의 마음자세를 가다듬기 위한 것이다. 말짱한 정신을 몽롱하게 만드는 분위기를 조성하지 않는 한, 사람은 쉽게 설득당하지 않기 때문이다.

역사적으로 이성적인 마음에 접근하기 위해 먼저 감정

적인 흥미를 불러일으키고 설득하는 방법은 오래 전부터 사용되어 온 것이다. 물론 점성이나 운명, 판단 등의 힘을 비웃는 사람들도 많지만 실제로 오늘날에도 정치인, 경제인, 예능인, 그밖에 여러 직업에 종사하는 많은 사람들이 끊임없이 예언자를 찾고 있다.

나는 예언이나 예언자의 말이 맞아떨어지는 것은 의뢰자가 점성술사나 점치는 사람을 신뢰하기 때문이라고 생각한다. '예언'이라는 형식으로 의뢰자의 잠재 의식에 심어진 암시가 그 예언이 실현되도록 사태를 진행시키고 있기 때문이다.

생각이 운명을 만든다

세상에는 인간적 자력이 강하거나 위대한 웅변가이기 때문에 환경이나 극적인 효과의 도움을 받지 않더라도 일을 잘 해내는 사람들도 존재한다.

하지만 대다수의 사람들은 마스코트, 네잎클로버, 행운을 기약하는 물건, 부적 등 세간에서 행운의 물건이라고 생각하는 것을 지니고 있는 경우가 많다.

물론 그 자체에는 생명력이 없지만, 일단 사람들이 그런 것에 위력이 있다고 믿기 시작하면 거기에 생명력을 불어넣은 것 같은 결과가 된다. 일단 믿으면 거기에서 힘이 솟아나오는 것이다.

알렉산더가 대왕이 되기 전의 일이다.

지난날 프리기아의 왕 고르디오스가 전차의 끌채를 멍에에 매어 두었는데, 사람들은 그 매듭을 푸는 사람이 아시아의 왕이 될 수 있다는 신탁을 널리 믿어오고 있었다. 수많은 사람들이 손으로 일일이 그것을 풀려고 애썼지만 누구도 풀지 못했다.

그 이야기를 들은 알렉산더는 단칼에 그 매듭을 잘라 버렸고 결국 그는 강력한 권력과 높은 지위를 움켜쥘 수 있었다.

나폴레옹이 어렸을 때, 우연히 별처럼 생긴 사파이어를

얻게 되었는데 거기에는 그것이 행운을 가져오고 그것을 소유한 사람은 장차 프랑스의 황제가 될 것이라는 예언이 새겨져 있었다.

매듭을 잘라 버린 알렉산더나 사파이어를 손에 넣은 나폴레옹은 결국 자신이 왕이 될 수 있다는 강한 '신념'을 갖게 되었던 것이다. 그들은 초인적인 신념을 가졌기에 초인적인 인물이 될 수 있었다.

사람들은 흔히 금이 간 거울이나 깨진 거울은 재수가 없다고 하여 들여다보지 않고 또한 접시가 깨지면 그 날 좋지 못한 일이 생길 것이라고 생각하지만 그것을 믿지만 않는다면 결코 그것이 악운의 원인이 될 수는 없다.

단지 나쁘다는 신념이 마음 속 깊이 뿌리를 박고 있기 때문에 악운을 가져올 뿐이다. 잠재 의식은 믿는 것을 반드시 실현시키는 힘을 가지고 있는 것이다.

그럼에도 불구하고 미신적인 마스코트나 물건의 상징은 무지한 사람뿐만 아니라 지식 정도가 높은 사람도 믿고 있다. 대통령 후보에까지 나섰던 어떤 사람은 저택의 헛간 문

에 말굽이 거꾸로 매달려 있어 낙선했다고 하더라는 어처
구니없는 이야기도 있다.

"인간의 상상력, 즉 마음의 눈으로 보는 능력은
잠재 의식으로 하여금 자석처럼 끌어당기는 힘을
일으키게 하는 원동력이다. 그러므로 마음 속에
선명하고 구체적인 그림을 그려라."

제 7장

마음 속에 선명한 그림을 그려라

The Magic of Believing

먼저 믿고 마음 속에 그려라

당신은 지금 마음을 집중하여 무엇을 바라고 있는가?

그것이 무엇이든 먼저 마음 속으로 그것을 훌륭히 처리할 수 있다고 믿어라. 신념을 가지고 '나는 멋지게 해낼 수 있다' 고 당신 자신에게 속삭이며 눈앞에 멋진 그림을 그려라. 상상력을 발휘하여 멋지게 성공한 자기 자신을 그려 보는 것이다.

그렇다고 허황된 상상력을 발휘해서는 안 된다. 예를 들어 비행석에 한 번도 앉아 본 적도 없고 앉아 볼 생각도 없는 당신이 멋진 제트비행기를 그것도 묘기를 부리며 모는 것을 꿈꾼다면 그것은 그야말로 백일몽에 지나지 않는다.

목표를 지향하지 않는 헛된 상상은 잠재 의식의 힘을 불러일으켜 그것을 실현하는 데 이바지하지 못한다. 상상력을 이용해 하고 싶은 일을 하는 당신의 모습을 마음의 눈으로 볼 뿐만 아니라 그 그림을 현실적인 것으로 만들기 위해 노력하는 길을 찾아 나아가야 하는 것이다.

만약 멋진 비행사가 되고 싶다면 그 목적에 도달하는 훈련을 시작하는 첫 걸음을 내딛어야만 꿈의 실현에 접근하게 된다.

돋보기의 초점을 적당히 맞춰 놓으면 태양 광선이 한 곳으로 모여 종이에 불이 붙지만, 렌즈를 흔들면 불이 붙지 않는다.

마음의 그림도 마찬가지로 당신이 그것을 보고 굳게 믿고 그 그림에 집중하지 않는다면 완전한 그림은 얻어지지 않는다. 흔들리고 변화된 그림은 그저 백일몽에 지나지 않는다.

집중하라

프랑스의 유명한 의사 에메르 쿼는 암시의 힘을 세상에 널리 알린 사람으로 "상상력은 의지력보다 훨씬 강하다"라고 말한다. 두 힘이 싸울 때에는 언제나 상상력이 이긴다는 것이다.

예를 들어 당신이 대학을 졸업하고 첫 직장을 나갔는데, 웬일인지 일이 마음에 들지 않고 별로 흥미도 없다고 가정해 보자. 그럴 경우에는 잠재 의식에 그 처리를 부탁할 수도 없으므로 의식하는 마음을 사용해야 한다.

우선 불만의 원인을 생각해 본다. 어쩌면 당신이 지나치게 조급한 것인지도 모르고, 또한 당신의 미래를 꿈꾸지 않았을 수도 있다. 그럴 경우에는 당신이 원하는 지위에 올라가 있는 자신을 꿈꾸며 그림을 그리고 그것에서 절대로 눈을 떼지 말아야 한다.

하지만 정말로 전망이 전혀 보이지 않는 직장이라면 진지하게 심사숙고해야 한다. 물론 이 작업은 처음에 직업을 선택할 때 했어야 하지만 후회가 된다면 늦게라도 그것을 해야 한다.

당신이 정말로 하고 싶은 일은 무엇인지 당신이 어떤 직업을 선택하면 만족할 만한 지위에 오를 수 있는지, 어떤 일이 당신에게 성장의 기회를 가져다 주고 무엇이 당신을 행복하게 해 줄 수 있는지를 찾아야 한다.

그런 일들은 의식하는 마음에 분담시키고 다음에는 그 문제를 잠재 의식에 맡겨 보존시키면 된다.

우선 의식하는 마음은 일을 결정하고 잠재 의식은 의식하는 마음이 결정한 것을 실현시킨다. 그리고 상상력은 두 마음 사이에서 교신하는 역할을 담당한다.

당신의 꿈을 실현한 그림이 마음 속에 그려지고 그것에 집중하면, 의식하는 마음은 잠재 의식과 교신하고, 그에 자극을 받은 잠재 의식은 활동을 시작하는 것이다.

마음의 그림에 집중하고 묵묵히 잠재 의식을 따른다면 당신이 간절히 부탁하는 일을 잠재 의식이 틀림없이 해 줄 것이다.

잠재 의식의 활동 사례

보트를 만드는 방법에 대해 전혀 모르던 내 친구가 '하면 된다'는 신념 하나만으로 보트를 만드는 일에 도전했다. 우선 보트 만드는 기술서를 읽고 연구한 그는 마음 속에 완성된 보트의 형상을 뚜렷한 그림으로 그렸다.

그런 다음 작업이 시작되었는데, 한참 일을 하는 도중에 한 가지 문제가 발생하고 말았다. 보트를 만들려면 전기드릴이 반드시 필요하다는 사실을 뒤늦게 깨달았던 것이다.

하지만 이미 재료를 사는 데 상당한 비용을 지출했던 그는 2, 3개월만 쓸 드릴을 구입하기 위해 또 다시 비용을 들이고 싶지 않았다. 결국 그는 드릴을 임대하였고, 무거운 드릴을 들고 낑낑거리며 열심히 작업에 몰두할 수밖에 없었다. 그러던 어느 날 그의 친구가 보트 만드는 것을 구경하러 왔다가 무거운 드릴 때문에 고생하는 친구를 보더니 이렇게 말했다.

"내가 작고 사용하기 쉬운 것을 빌려 주겠네."

뿐만 아니라 작은 띠톱도 필요했는데 임대 비용을 알아보니 시간당 50센트인데다가 왔다 갔다 하는 시간이 많이 들 것 같은 생각이 들었다. 그래서 마음 속으로 '띠톱을 좀 더 편하게 쓸 수 있는 방법이 분명 있을 거야' 라는 말을 반복하여 중얼거렸다고 한다. 그러자 우연히 또다른 친구가 찾아오더니 띠톱 때문에 곤란을 겪는다는 것을 알고는 이렇게 말했다.

"지난 화요일에 띠톱 하나를 샀는데, 당분간은 쓸 일이 없을 테니 그 동안 자네가 그것을 쓰도록 하게."

언젠가 내 자동차의 점화 장치가 고장이 나서 몇몇 수리점에 들렀지만 모두들 어디가 고장인지 알아 내지 못했다. 그러다가 우연히 어느 수리점에 들렀는데, 수리공은 내 이야기를 듣더니 이렇게 말했다.

"잘 고쳐 봅시다. 반드시 그렇게 될 겁니다."

그 말에 나는 무심코 대답했다.

"믿으면 뭐든 이루어지지요."

"당신도 역시 비꼬시는군요. 사실, 믿으면 안 되는 일이 없습니다. 하지만 그런 말을 하면 대다수의 사람들이 비웃거나 코웃음을 칩니다."

"아니, 아닙니다. 저는 진심으로 하는 말입니다. 당신이 신념을 갖게 된 어떤 계기라도 있나요?"

"제 인생살이 전체가 신념과 관련된 걸요."

"한두 가지만이라도 들려주십시오."

"12년 전 쯤, 갑자기 넘어지는 바람에 등뼈를 다쳤는데 의사는 일생 동안 불구로 지내야 한다고 진단을 하더군요. 하지만 저는 그 말을 도저히 받아들일 수가 없었죠. '사람은 믿는 대로 성취할 수 있다' 는 어머니의 말씀을 떠올린 저는 '건강해질 수 있다' 는 확신을 갖고 제 마음 속에 건강하고 씩씩하게 활동하는 제 모습을 그려 보았습니다. 자, 보십시오. 저는 지금 이렇게 멀쩡한 모습으로 일하고 있지 않습니까?"

"정말 흥미로운 일이군요. 좀 더 들려주시죠."

"저는 그런 신념을 사업에도 적용시켜 보았습니다. 그 결과, 이 공장을 소유하게 된 것입니다. 몇 주일 전, 제가 전에 운영하던 공장이 불에 타 버리고 말았습니다. 저는 며칠 동안 이 사업을 계속 하느냐 마느냐로 고민에 빠졌습니다. 결국 사업을 계속 하리라 마음먹었고 잠들기 전에 '격

정하지 마. 며칠 내로 새로운 공장 하나를 찾아 낼 수 있을 거야' 라고 말했지요. 이튿날 저는 화재에서 건져 낸 자동차의 도색을 맡겼던 페인트 가게를 찾아갔습니다. 그리고 공장을 계속하고 싶다는 생각을 말했더니 그는 자신은 다음 블록에 빌딩 하나를 구입했기 때문에 현재의 가게 자리가 필요 없다고 하면서 저더러 이용하라고 하더군요."

그러더니 그는 빙긋 웃으며 말했다.

"덕분에 지금은 주체할 수 없을 만큼 일거리가 많답니다. 자, 이제 일을 시작하겠습니다. 두 시간 후에 차를 찾으러 오십시오. 잘 달릴 수 있도록 고쳐 놓겠습니다."

마음의 그림으로 물고기도 낚는다

내가 아는 사람 중에 낚시를 아주 잘하는 사람이 있다. 그는 똑같은 장소에서 똑같은 미끼를 사용하면서도 다른 사람보다 유독 물고기를 많이 낚았던 것이다. 내가 그 이유를 물었더니 그는 웃으며 이렇게 대답했다.

"별다른 재주가 있어서 그런 것은 아닐세. 단지 마음 속으로 물고기들에게 미끼를 물어 달라고 주문을 한다네. 다시 말해 물고기가 내 미끼를 물 것이라고 상상하는 것이지."

그 말을 다른 낚시꾼에게 했더니 쓸데없는 소리라면서 코웃음을 쳤다.

"낚시는 물의 흐름, 물고기의 성질, 미끼의 종류를 잘 선별해서 선택하면 잘할 수 있어. 그 조건만 갖추면 영락없이 물고기가 걸린단 말일세."

하지만 그는 똑같은 낚시터에서 앞서 말한 사람보다 자신이 물고기를 적게 잡은 이유에 대해서는 설명하지 못했다.

이것은 골프장에서도 마찬가지로 적용된다.

어느 날, 근거리 쇼트로 놀라운 묘기를 부리는 친구에게 이렇게 물어 보았다.

"어떻게 그런 재주를 익혔나?"

"단지 볼을 칠 때 볼이 원하는 곳으로 가거나 떨어지는 이미지를 그리는 것뿐일세. 물론 기술적으로 숙달되어 있어야 하는 것도 중요하지만 골프채로 치기 전에 볼이 가서 떨어질 곳을 뚜렷하게 마음의 눈으로 보는 것도 그것 못지않게 중요하다네. 더욱이 나에게는 할 수 있다는 자신감이 있지.”

또한 나는 텍사스 주의 샌 안토니오 시에서 어떤 남자가 22구경 소총으로 공중에 던져지는 1천5백 개의 작은 나무 조각을 모두 명중시켰다는 말을 듣고 여기에도 틀림없이 ‘마음의 힘’ 이 작용했을 것이라는 생각을 했다.

물론 사람들은 완전한 타이밍이나 뛰어난 정확성을 말했지만, 아마도 그는 마음의 눈으로 볼 줄 아는 사람으로 틀림없이 할 수 있다는 굳은 신념의 소유자일 것이다.

누구든 ‘마음의 그림’ 을 그리는 기술을 이용한다면 자신의 능력을 더욱더 향상시킬 수 있다. 물론 연습이나 타이밍, 그밖에 여러 가지 기술적인 조건들을 무시해서는 안 되지만, 여기에 ‘사고의 마술’ 이 더해진다면 그야말로 완벽한 결과를 얻게 되는 것이다.

“당신이 절실하게 바라고 있는 것이 무엇인지 확실히 정하라. 만약 그 욕구가 애매모호하다면 이 테크닉은 사용하지 않는 편이 낫다. 절실히 바라는 것이 아니라면 이 테크닉은 아무런 효과도 나타내지 못한다.”

실전 테크닉

The Magic of Believing

카드 테크닉

명함 크기의 카드를 서너 장 준비하여 다른 사람의 방해를 받지 않는 조용한 곳에 앉는다. 그리고 당신이 아주 간절하게 원하는 것을 생각해 보고 그 중에서도 가장 절실한 것을 가려 낸다.

이 때, 당신이 절실하게 바라고 있는 것이 무엇인지 확실히 결정해야 한다.

오늘은 이런 것을 원하고 내일은 저런 것을 원하는 것처럼 욕구가 수시로 변한다면 이 테크닉은 사용하지 않는 것이 낫다.

하나의 뚜렷한 욕구가 다른 모든 사소한 욕구를 몰아 내지 않는다면 대망을 달성하기 위해 마음의 힘을 사용하는 경지에는 도달하지 못할 것이다.

꼭 이루고 싶은 것 하나만 정해 그것이 최대의 욕구임을 확신한다면 그 때야말로 당신 앞에 놓여 있는 카드를 사용해야 할 시기이다.

한 장의 카드 위에 당신의 소망을 표현하는 말을 써 넣되 가능한 한 간단하게 써 넣는 것이 좋다. 절대로 애매한 표현은 사용하지 말고 한두 마디로 명확히 나타내야 한다.

그리고 기록한 것을 매일 쳐다볼 수 있는 곳에 붙여 두고 하루에도 몇 번씩 그것에 대해 생각해야 한다. 당신의 눈길이 가는 어디에든 그것을 붙여 두는 것이 좋다.

중요한 것은 카드에 쓴 글의 내용을 다른 사람에게 알리지 않아야 한다는 것이다. 아무리 가까운 친구라 할지라도 말해서는 안 된다. 남에게 말해 버리면 잠재 의식의 힘이 분산되기 때문이다.

만약 카드가 남의 눈에 뜨일 염려가 있다면 혼자서만 알아볼 수 있는 부호로 기록하는 것도 좋다. 그림이든 숫자든 그것을 봄으로써 자신의 욕망을 일깨울 수 있다면 어느 것이든 상관 없다.

어쨌든 당신의 소망을 다른 사람에게 말하지 않는 것이 중요하다.

엉뚱한 충동도 무시하지 말라

경우에 따라서는 몇 주일 혹은 여러 달을 당신의 욕구에 집중해야 할지도 모른다. 그러므로 욕구는 정확해야 하며 신념에 대한 확신과 지속력에 대한 자신감이 필요하다.

당신의 미래는 자신에 대한 신뢰, 잠재 의식에 대한 믿음에 달려 있다. 간혹 당신은 엉뚱한 충동을 받을 때도 있다. 그럴 경우, 그것이 보잘것없는 것처럼 보이거나 불합리한 것처럼 보일지라도 그것을 믿고 따라야 한다. 잠재 의식의 지시에 따르는 것을 주저해서는 안 된다. 왜 그것을 해야 하는지 분명한 이유를 알 수 없을지도 모르지만 거기에는 엄연한 이유가 있을 것이다.

모든 암시나 지시는 선택한 목표를 향해 당신을 이끌어 준다.

잠재 의식은 계획을 세우고 그것을 추진하는 작용을 하며 당신은 단지 잠재 의식에 의해 사용되는 도구일 뿐이다. 결국 잠재 의식은 당신의 신체를 빌어 일을 하는 것이다.

그러므로 당신의 잠재 의식을 믿고, 그것이 명령하는 대로 움직여라.

일단 씨앗을 심고 그 배양에 꾸준히 힘쓰기만 하면 당신의 힘으로는 도저히 바랄 수도 없는 위대한 일이 실제로 일어날 수도 있다.

마음의 장애를 극복하라

내가 잘 아는 어느 젊은이가 처음으로 신탁 회사에 취직을 했는데, 처음부터 벅찬 일을 맡게 되었다고 하면서 잔뜩 겁을 먹고 있었다. 어느 날 그는 나를 찾아왔다.

"지난번에 백만장자를 만났는데 비서실로 들어가는 순간부터 잔뜩 긴장을 했습니다. 그는 우리 회사에 막대한 돈을 투자하려는 고객인데 저는 자신감을 잃고 비서에게 제 이름을 말하는 순간부터 나도 모르게 목소리가 떨렸습니다. 그리고 비서의 태도도 나를 경멸하는 듯했기에 백만장

자를 만나기 전부터 저는 완전히 얼어 있었죠. 그런데 내일 또 그를 만나야 합니다. 어쩌죠?"

"그의 풍채는 어떻던가?"

"아주 당당했습니다. 머리는 백발이었지만 짙은 눈썹에 상대방을 제압하는 목소리까지……."

"그렇군. 그렇다면 그는 틀림없이 용기를 갖고 자신과 대등하게 말할 수 있는 사람을 좋아할 걸세. 이봐, 이렇게 한 번 생각해 보게. 그 노인이 바닷가에서 수영복을 입고 있는 그림을 떠올려 보게. 그래도 여전히 그가 두려울까?"

"틀림없이 몸매가 엉망일 거예요."

"그렇지. 배가 불룩하고……."

점점 그 젊은이는 긴장이 풀려가는 것 같았다.

"자네 혹시 춤추는 곰을 본 적이 있나?"

"네. 정말로 우스꽝스러운 모습이죠."

"맞아. 자네가 고객으로 만들고 싶어 하는 그 노인이 빨간 모자를 쓰고 서툰 솜씨로 곰처럼 춤을 추는 모습을 상상해 보게."

나는 그 이상으로 그 노인의 모습을 묘사해 줄 필요가 없었다. 그 젊은이는 이미 마음의 장애를 완전히 극복하고 있었던 것이다.

그 후, 그 젊은이는 백만장자의 비서에게는 눈길조차 주지 않고 곧바로 고객에게로 돌진하여 그 노인에게 별다른 상담도 없이 2만 달러 상당의 증권을 팔았다고 한다.

두려움이 사라지자 그에게는 미소를 지을 만큼 여유가 생겼고 더욱이 그의 민첩하고 매력적인 태도에 모두들 마음을 놓고 일을 맡겼던 것이다.

중역도 평범한 인간이다

비서나 사원들에게 둘러싸인 대기업의 중역들은 언뜻 생각하기에 접근하기가 어려울 것이라고 생각하지만 그들도 어디까지나 인간이다. 아니, 오히려 그들이 인간적이지 못했다면 그 자리에 올라가지도 못했을 것이다. 그들도 다른 사람들과 마찬가지로 장점과 단점을 동시에 지니고 있는 것이다. 여기에 당신의 잠재 의식은 언제나 가까이에서 적당한 접근법을 암시해 주려 대기하고 있다.

그러므로 어떤 사람에게든 거리낌 없이 혹은 소탈한 태도로 대하는 것이 좋다. 물론 은근하고 정중한 태도를 좋아하는 사람도 있으므로 상황에 따라 대처하는 것이 바람직하다.

사람을 올바로 보는 법을 배우기만 한다면 당신은 마음의 장애를 없애고 원활한 대인 관계를 맺을 수 있을 것이다. 언젠가 한 젊은 변호사가 자신의 경험담을 들려준 적이 있다.

"한 번은 모든 젊은 변호사들이 두려워하는 선배 변호사와 설전이 벌어지게 되었습니다. 두려움에 휩싸인 저는 그때 조용히 눈을 감고 제 자신을 타일렀습니다. '그도 나와 똑같은 법률가이다. 어떤 면에서는 그보다 내가 더 나을 수 있다. 저 선배 정도는 틀림없이 휘어잡을 수 있을 것이다. 걱정하지 마라.' 그렇게 몇 초 동안 되뇌고 나자 두려움이 사라졌습니다. 그리고 실제로 그 사건에서 이겼습니다. 저는 지금도 어려운 일을 맡으면 잠재 의식을 충분히 활용합니다."

매상을 올리는 법

어떤 상점에서 정신력에 의해 상품의 매상을 올리는 방법을 실천해 본 적이 있다.

일단 그들은 어떤 상품에 정신력을 이용할 것인지를 선별했는데, 선택된 상품은 치즈, 베이컨, 연어 그리고 흔한 채소 종류였다.

드디어 정해진 날에 점원들은 세심하게 상품을 진열하였고 가게로 고객이 들어올 때마다 고객이 실험 대상이 된 상품을 사는 것을 마음 속으로 그려 보았다. 물론 그 특별 상품들은 특별히 눈에 띄기 쉽게 잘 진열해 놓았다.

그 날의 매상은 놀라울 정도였다. 치즈 판매부는 지난 6

개월 동안 있었던 최고 판매액을 훨씬 웃도는 실적을 올렸다.

그리고 토요일에 베이컨을 파는 코너는 정오도 되기 전에 다 팔아 버렸고, 금요일에 연어를 파는 코너는 시내에서 연어를 파는 가게들의 총 매상고보다 더 많은 매상을 올렸다. 그리고 오이, 호박 등을 파는 야채 코너는 그 날 두 번이나 추가 주문을 해 와야 할 정도였다.

그러한 효과를 직접 체험한 그 상점의 직원들은 나중에 독립하여 자신의 가게를 경영할 때 그런 원리를 도입하였고, 모두들 성공을 거두었다고 한다.

당신이 당면한 일에 대해 신념을 가지고 대하느냐 그렇지 못하느냐는 일의 성패에 절대적인 영향을 미친다.

당신이 틀림없이 좋은 결과를 얻고 싶다면 의식적으로 잠재 의식에게 일을 맡기고 그 힘을 믿고 그 명령에 따르는 것이 좋다.

신념의 파워

어느 신학대학의 여대생은 동생과 번화가로 쇼핑하러 갈 때, 자신이 가고 싶은 곳 가까이에 주차할 자리가 반드시 남아있을 것이라고 단언하고 떠난다고 한다. 그러면 언제나 빈자리가 남아 있다는 것이다.

언젠가 어느 큰 병원의 의사가 나에게 말했다.

"아침 출근길, 병원 가까이에 들어섰을 때, 제가 원하기만 하면 언제나 신호등이 초록 등을 켜주곤 합니다. 덕분에 차를 한 번도 멈추지 않고 곧장 올 수 있지요. 빨간 등이 켜진 적은 한 번도 없습니다. 이제 그것이 당연하게 여겨질 정도입니다."

이것이 단순한 기회 혹은 우연의 일치라고 생각하는 사람은 다음의 실험을 해 보라.

우선 남성이든 여성이든 당신의 실험 대상을 정한다. 예를 들어 단정치 못한 차림으로 늘 못마땅한 표정을 짓고 있는 여성이 있다고 가정해 보자. 이제 당신이 정신적인 방법으로 그녀를 개조하는 것이다.

'만약 그녀가 태도나 표정을 바꾼다면 얼마나 아름다운 여자가 될까' 하고 당신 자신에게 속삭이거나, '그녀가 미소를 짓고 있다면 얼마나 매력적일까' 하고 당신 자신에게 말하라.

이것을 당신의 마음 속에서 행하되 한 마디라도 입 밖에 내서는 안 된다. 그녀와 함께 있을 때 언제나 그런 생각을 한다면 언젠가는 그녀가 미소 띤 귀여운 얼굴로 당신에게 다가올 것이다.

이번에는 방법을 바꿔 당신 자신에게 실험을 해보라. 커다란 거울을 앞에 놓고 당신의 모습을 살핀다. 그런 다음 '나는 이렇게 되고 싶다' 라고 생각하는 당신의 이상형을 그린 후 늘 그런 모습을 떠올린다. 그러면 언젠가는 두 개의 모습이 하나로 합쳐지는 날이 올 것이다.

이러한 현상에 대해 시카고 대학의 마슈즈 박사는 이렇게 말하고 있다.

"우리는 우리의 강렬한 욕구로 외부에서 일어나는 어떤

현상에 영향을 줄 수 있다. 특히 당신의 욕구가 당신 자신
에게 주는 효과에 대해서는 실제로 심리학적인 확증이 있
다."

신념의 힘은 이처럼 강하다.

"대다수의 사람들은 치과에 가는 것을 두려워한
다. 그것은 치료실에서 실제로 받는 고통보다는 그
곳에서 어떤 고통을 받을까 하는 걱정 때문이다.
이것은 결국 우리의 사고가 피하고 싶어 하는 생
각을 도리어 실현하고 있는 꼴이다."

자기 암시와 상상력의 작용

어른이든 아이든 걱정, 근심, 공포 등은 모두 상상력이 그 원인이라고 한다.

피츠버그의 어느 치과 의사는 아이들을 전문으로 치료하는데 치료실의 옆방에는 놀이방을 마련하여 온갖 장난감을 갖춰 놓고 아이들이 이빨 치료에 대한 두려움을 갖지 않도록 배려하고 있다.

또한 치료에 들어가도 이빨에 관한 이야기는 전혀 꺼내지 않고 다른 이야기를 하여 그것에 열중하게 만들며, 치료용 전기 드릴의 도선에는 스위치를 설치해 아이들이 그것을 마음대로 멈추거나 작동하도록 할 수 있게 해 놓았다. 그리고 치료하기 전에 아이들에게 조금이라도 아프면 곧바로 스위치를 꺼도 좋다고 말해 둔다.

아이들의 마음 속에 자리 잡은 장애물을 미리 제거할 줄 알았던 그 치과 의사는 대단히 인기가 높아져 크게 번창하고 있다.

어떤 이발사는 아이들에게 머리를 깎기 전에 그림책을 주어 흥미를 다른 곳으로 돌리거나 장난감을 쥐어 주고 다른 것에 관심을 쏟게 한다고 한다.

마음의 그림은 간혹 이상한 결과를 초래하기도 한다. 대부분의 사람들은 어떤 불행한 일이 있을 것이라는 상상을 하기도 하는데, 그러한 습관을 지니고 있으면 결국 자기 자신이나 친구, 가족들에게 마음의 눈으로 본 재앙이 나타나기도 한다. 그러므로 자기 자신의 생각을 컨트롤할 필요가 있다.

실제로 닥치지 않은 것에 대해 미리 걱정할 필요는 없다. 무엇 때문에 쓸데없는 근심이나 공포심을 기르고 있는가!

상상력의 작용

두 여행객이 호텔 방을 구하지 못해 발을 동동 구르다가 할 수 없이 평소에 창고처럼 쓰이는 방에 투숙하게 되었다.

한밤중에 한 사람이 깨어나 방 안의 밀폐된 공기 때문에 숨이 막힌다고 투덜거리며 창을 열려고 했지만 문이 열리지 않자 신발로 유리를 깨 버렸다. 그들은 상쾌한 공기를 마시며 잠이 들었는데 아침에 깨어 보니 유리창은 깨지지 않았고 오히려 깨진 것은 화장실로 통하는 문의 유리였다고 한다.

제2차 세계대전 중에 M. 웨스트라는 여성이 남태평양에서 미국으로 돌아오기 위해 수송선에 탑승했는데 좁은 선실에는 17명의 여성들로 가득 차 있었다고 한다. 그런데 등화관제로 바깥쪽으로 통하는 창은 모조리 닫혀 있었고 선실은 숨이 막힐 지경이었다. 그런 상황에서 전원이 침대에 들어가 불을 끈 뒤라면 창을 열어도 좋다는 허락이 내려졌고, 그녀가 창문을 열자 여성들은 모두들 편안히 잠이 들었다. 그런데 아침에 깨어 보니 그녀가 연 것은 이중창의 안쪽이었고 바깥쪽 창은 계속 닫힌 상태였다고 한다.

싸구려 담배만을 피우기로 소문난 마크 트웨인은 어느 날 부자 친구에게 한 개비에 40센트나 하는 고급 시가를 두

개 빌렸다. 그리고는 담배 상표를 모조리 떼어 버리고 그것을 자신의 담배 케이스 안에 넣어 두었다.

식사가 끝난 뒤, 친구들에게 그것을 하나씩 건네주었더니 그들은 두세 모금 빨아 본 뒤 모두들 내던져 버렸다. 그들의 상상력이 선입관으로 작용하여 으레 '트웨인의 담배는 싸구려일 것' 이라고 생각하도록 했던 것이다. 결국 상상력이 사실을 압도해 버린 셈이다.

이러한 경험을 통해 마크 트웨인은 『담배에 관하여』라는 짧은 수필에서 이렇게 말하고 있다.

"사람들은 담배의 향기로 좋은 담배와 나쁜 담배를 구별할 수 있다고 말하지만, 사실은 상표를 보고 구별하는 것에 지나지 않는다."

반복적인 자기 암시

반복되는 노래, 주문, 암송 등은 의식하는 마음이 그 욕구를 잠재 의식에게 암시로써 전달해 주는 수단이 된다. 이러한 자기 암시는 마음 속에 어떤 일정한 패턴을 만드는 유일한 방법이다. 잠재 의식은 감수성이 매우 예민하여 맞는 것이든 그렇지 않은 것이든 혹은 적극적인 것이든 소극적인 것이든 당신이 제공하는 것을 그대로 믿고 받아들인다.

그리고 잠재 의식은 일단 뭔가를 받아들이면 그것을 굳게 간직하고 구체화시키며 현실화시키기 위해 온갖 재능과 정력을 기울여 작용한다.

당신의 생각을 잠재 의식에 전달하려면 간단한 말을 사용하는 것도 좋다. 예를 들어 지금 기분이 불유쾌한데 마음의 상태를 바꾸고 싶다면 '나는 행복하다' 라고 반복해서 말하기만 하면 된다. 그리고 멋지게 말을 하고 싶다거나 정다운 느낌을 주고 싶다면 자기 자신을 향해 '나는 남을 설득시킬 수 있는 사람이다' 라거나 '나는 누구에게서든 정답다는 말을 듣는다' 라고 되풀이하는 것이 좋다.

만약 그 결과를 영구적인 것으로 만들고 싶다면 그 말을 자주 되풀이하여 희망하던 성과가 완전히 지속될 때까지 계속하면 된다.

뚜렷한 목표를 지닌 사람, 욕구에 대해 분명한 마음의 그림을 가진 사람, 의식하는 마음 속에 이상을 지속하는 사람은 목표, 그림, 이상을 되풀이하는 방법을 통해 그것을 잠재 의식 속에 깊이 심어 놓을 수 있다. 그 결과, 잠재 의식의 창조적인 힘이 작용하여 최소의 시간과 최소의 노력으로 그 목적을 실현시켜 준다.

그것은 두꺼운 널빤지에 못을 박는 것과 같다. 못을 완전히 박기까지는 몇 번이고 되풀이해서 쳐야 하는 반복적인 작업인 것이다.

창조적 사고로 잠재 의식을 채워라

마음이라는 공간에는 두 개의 생각이 동시에 자리 잡을 수가 없다. 만약 당신의 마음이 적극적이고 강력하고 창조적인 생각으로 가득 차 있다면 그 곳에 소극적인 생각이나 의심은 들어갈 자리가 없는 것이다.

그리고 당신의 마음이 적극적인 생각으로 채워지는가 아니면 소극적인 생각으로 채워지는가는 당신의 선택에 달려 있다. 당신의 잠재 의식은 어느 쪽이 되었든 들어온 것 중에서 무조건 강력한 힘에만 반응을 일으킬 뿐이다.

잠재 의식을 적극적인 생각으로 가득 채우면 외부의 부정적이고 파괴적인 생각으로부터 보호할 수 있다.

예부터 현인들이 '행복해지려면 일에 열중하고 바쁘게 지내라' 고 한 이유는 어느 한 가지 일에 마음을 빼앗기면 마음의 틈새로 쓸데없는 생각이 끼어들 여지가 없기 때문이 아닐까 싶다.

일을 할 때든 한가할 때든 당신의 마음을 여러 가지 흥미있는 일로 채워라. 의식하는 마음을 사용하여 잠재 의식을 해로운 생각으로부터 보호해야 한다.

사고의 의식 그리고 잠재 의식을 깨워 늘 강하게 지속시키면, 언젠가 당신의 소망을 이루게 되는 기회를 잡을 수 있을 것이다.

스스로의 눈으로 관찰하는 것에서 배워라

다른 사람의 부정적인 생각이 자신에게 영향을 미치는 것을 그대로 방치하면 혼란을 겪거나 좌절할 수도 있다. 특히 세일즈맨들은 고객이 '이 상품은 이러저러해서 살 수 없다'고 말하면 자신도 모르게 그 생각을 받아들이게 된다.

그런 부정적인 생각을 오랫동안 반복해서 듣게 되면 신념이 강한 사람일지라도 용기가 꺾이게 된다. 그런 생각에 대해서는 문을 굳게 닫고 당신 자신의 적극적인 생각으로 계속 이것을 물리쳐야 한다. 그렇지 않으면 당신은 패배하고 만다.

문제는 그 싸움터가 바로 당신의 마음이라는 것이다. 그러므로 적극적인 행동에 앞서 당신의 의식하는 마음이나 잠재 의식을 당신의 지배 하에 두어야 한다.

알게 모르게 우리는 모두 암시의 영향을 받고 있으며 거의 최면술에 걸린 상태인 경우도 있다. 그저 몇십 년 동안

해 오던 것이라 하여 늘 하던 방식에 따라 살아가는 것이다. 곰곰이 생각해 보면 일정한 스타일의 옷, 집, 건물, 자동차 등의 같은 형태가 늘 우리 주변에 있음을 알 수 있다. 어쩌다 새로운 양식이 등장하기라도 하면 단번에 괴짜 취급을 받거나 이상한 눈초리로 바라보기 일쑤이다.

편견, 고정관념, 최면 상태 등 당신의 사고가 성장하는 데 방해가 되는 것을 버리고 당신 자신의 눈으로 직접 관찰하는 것을 통해 배워라.

잠재 의식을 사용하는 사람들은 강한 신념으로 놀라운 상상력을 동원하여 이 세상의 무슨 일이든 달성하고야 만다.

행동이 없는 신념은 아무런 의미가 없다

신념에는 행동이라는 옷을 입혀야만 완전해진다.

우리는 비록 물질 세계에 살고 있지만 중요한 것은 역시 정신, 마음, 영혼이다. 하지만 정신은 육체 속에 있고 육체를 통해서만 그것을 나타내 보일 수가 있다. 결국 생각은 행동으로 표현되어야 비로소 그 존재 가치가 발휘되는 것이다.

마찬가지로 신념은 행동을 통해서만 그 모습을 나타낸다. 이것은 곧 성공은 당신의 에너지가 잠재 의식의 안내를 받아 당신을 목적지로 데려가는 행동을 실행해야만 가능해진다는 것을 의미한다.

반복에 의한 암시와 마음의 그림에 의한 암시는 잠재 의식이 당신에게 유효하도록 훈련하는 중요한 테크닉이다. 물론 이 때 가장 필요로 하는 것은 바로 '신념'이다.

"당신의 마음 속에 깊이 잠들어 있는 힘을 끌어
내 활동시키려면 그 힘을 믿지 않고는 불가능하다.
반복이나 마음의 눈으로 보는 것의 중요성을 이해
했다면 이제 거울의 기술을 익힐 준비가 되어 있
다고 할 수 있다."

제 10장

거울의 기술

The Magic
of Believing

목표를 분명히 하라

예를 들어 당신이 졸업을 앞둔 대학생이라 직장을 구할 계획을 세우고 있다고 가정해 보자.

이 때 대학원에 진학할 목적으로 학교와 가까운 곳에서 직장을 구한다면 좀 더 목표를 분명히 할 필요가 있다.

다시 말해 대학원이 중심이고 직장은 아르바이트라도 상관 없는지 아니면 직장이 우선이고 야간에라도 대학원을 다닐 것인지를 분명히 해야 하는 것이다.

이처럼 목표를 구체적으로 분명하게 하는 것이 전진을 위한 첫걸음이다. 그런 다음 그것을 믿어야 한다.

목표 설정과 신념이란 서로 떨어질 수 없는 관계이자 상호 보완적 관계이기에 어느 하나라도 보조를 맞추지 못한다면 불협화음이 발생하게 된다.

당신에게 필요하고 또한 적절한 직업을 구할 수 있다는 신념은 가히 절대적이어야 하며 조금이라도 의혹을 품어서는 안 된다.

암시 카드를 사용한다

대학원이 중심이라면 카드에 원하는 대학원의 이름을 써서 눈에 잘 띄는 곳에 붙여 둔다. 이 때, 이니셜이나 자신만이 알아볼 수 있는 글자로 표기하여 남들이 알지 못하도록 하는 것이 좋다.

물론 당신의 목표를 위해 주변 사람들의 조언이나 정보를 얻는 것은 좋은 일이지만, 일단 결정을 내린 다음에는 말이 아니라 생각을 해야 한다. 욕구를 실현하려면 당신의 잠재 의식으로 하여금 전력을 다하도록 하려는 그 기술을 남에게 누설하면 안 되는 것이다.

만약 잠재 의식이 목적 달성을 위한 지시를 내리면 당신은 그대로 복종해야 한다. 만약 그것을 남에게 말하거나 지금까지와 다른 것에 관심을 기울이면 잠재 의식의 지시를 모르고 넘어갈 우려도 있다. 그러면 잠재 의식의 진행 과정에 방해물이 끼어들어 잠재 의식은 당신을 위해 활동하기를 멈출지도 모른다.

앞에서도 말했듯이 일단 목표가 정해졌다면 그 목표에 대해 다른 사람과 의논하지 말라. 모든 의식을 잠재 의식에 집중하여 그것이 당신의 일을 맡아 활동을 개시하도록 힘써야 한다.

카드는 당신의 눈에 가장 잘 띄는 곳에 두고 그 카드를 반복해서 소리 내어 읽어라. 물론 이럴 경우에도 사전 조사를 꼼꼼히 해서 충분한 정보를 습득해 놓아야 한다. 그런 다음에는 모든 것을 잠재 의식에 맡기고 그것에 힘을 쏟아야 한다. '말' 하는 것이 아니라 '생각' 하는 것에 전력을 다해야 하는 것이다.

생각을 팔아라

세상에 판매하지 않고 살아가는 사람은 없다. 정치가는 유권자에게 정책을 팔아야 하고 의사나 변호사는 환자와 의뢰자에게 전문적인 기술과 치료 능력을 팔아야 한다. 그

리고 남성은 연인에게 신뢰해도 좋을 사람이라는 믿음을
팔아야 한다.

　이처럼 모든 대인 관계는 어떤 형태로든 사고 파는 것이
그 근본을 이루고 있다. 남을 설득시켜 내가 생각하는 쪽으
로 이끌 때에도 마찬가지이다. 부인이 새 드레스를 사고 싶
으면 남편에게 그 생각을 팔아야 하며, 자녀가 자동차를 사
려면 부모님께 그 생각을 납득시켜야 한다.

　어느 파이 제조업체에서 배달차의 뒷문 안쪽에 모두 거
울을 붙여 놓았다. 그러면 세일즈맨들은 배달할 파이를 신
기 위해 뒷문을 열었을 때, 맨 먼저 거울에 비친 자신의 얼
굴을 보게 된다. 물론 세일즈맨들은 사전에 각각의 거래소
에 나갈 때 '오늘은 몇 개를 팔겠다' 는 결심을 하고 나가도
록 지도받았으며 또한 거울 속의 자신을 향해 그만큼의 물
건을 거래처의 카운터 위에 반드시 올려놓고 오겠다고 자
기 자신에게 말하도록 교육받았다.

　그 방법은 눈부신 성과를 거두게 되었다.

　또다른 회사에서는 세일즈맨들이 드나들 때마다 볼 수

있는 자리에 거울을 설치해 놓고 거울 위에 '우리는 이긴다', '불굴의 마음에는 불가능이란 없다', '우리는 끈기가 있다. 그것을 보여 주자' 등의 슬로건을 붙여 놓았다고 한다. 슬로건은 아침마다 새롭게 바뀌었고 세일즈맨들은 사무실을 드나들면서 어쩔 수 없이 자신의 얼굴과 더불어 그것을 매일 보게 되었다.

그 결과는 어떠했을까? 놀랍게도 경기 불황으로 모두들 힘들다고 아우성인 상황에서도 그 회사의 세일즈맨들은 수입이 모두 세 배 내지 네 배까지 올라갔다고 한다.

거울의 기술

전에 어떤 만찬회에 참석했다가 놀라운 광경을 보게 되었다. 한창 여흥을 즐기던 중, 나는 만찬회를 주최한 주인이 슬슬 술기운이 올랐는지 비틀거리며 침실 쪽으로 가기에 뭔가 도와 줄 일이 없을까 해서 따라가 보았다.

그랬더니 그는 침실에서 거울을 보며 이렇게 중얼거리는 것이 아닌가!

"존, 너 왜 그러니? 손님들이 장난을 치느라 너를 취하게 만든 거야. 지면 안 되지. 넌 취하지 않았다. 조금도 취하지 않았어. 넌 멀쩡하다고. 넌 오늘 만찬의 주인이란 말이다. 취하면 안 돼."

그 말을 몇 번 되풀이하며 거울 속으로 자신의 눈을 계속 노려보던 그에게 약 5분 정도 후, 변화가 일어났다. 그는 몸을 똑바로 세웠고 얼굴 표정도 단정하게 다듬어졌던 것이다.

옛날부터 대웅변가, 설교가, 배우, 정치가 중에는 '거울의 기술'을 이용하는 사람이 많았다.

윈스턴 처칠은 중요한 연설을 앞두고 반드시 거울 앞에서 예행 연습을 했다고 하며 미국 대통령 W. 윌슨도 마찬가지로 행동했다고 한다. 거울을 보면 자신의 마음의 진동파는 강화되고 말이 지닌 의미나 힘도 커져 청중의 잠재 의식에 정확하게 파고들 수 있기 때문이다.

자신을 설득시킬 수 없으면 다른 사람도 설득시킬 수 없다. 심리학을 잘 모르는 사람일지라도 한 인간이 넘치는 열정을 보일 경우, 그것이 금방 다른 사람에게 전염된다는 것쯤은 누구나 알고 있다.

'거울의 기술'은 이러한 효과를 낳는 간단하면서도 효과적인 방법으로 만약 세일즈맨이 이 방법을 사용한다면 판매 능력에 대한 신념을 높일 수 있으며 그에 따라 실적도 향상될 것이다.

'거울의 기술'은 자기 자신에게 자신의 인상을 깊게 각인시켜 주고 신념을 굳게 하며, 강한 열의를 갖게 하여 자신의 가치와 재능에 자신감을 갖게 하는 작용을 한다.

거울의 기술을 사용하는 법

먼저 거울 앞에 선다. 거울은 신체의 일부가 비칠 정도의 크기가 좋다. 차렷 자세로 발뒤축을 붙이고 배를 내밀지 않으며 가슴을 펴고 턱을 쳐든다.

다음으로 세 번 내지 네 번 심호흡을 한다. 마음 속에 힘과 결의가 넘칠 때까지 심호흡을 하는 것이다.

그런 다음 당신의 눈을 들여다보고, 당신이 추구하는 것이 무엇인지 일러 준다. 큰소리로 그 내용을 말하되 입술이 움직이는 것을 똑바로 응시하고 귀를 기울여 들어라.

몇 번이고 그것을 반복하라.

이런 일은 날마다 하루에 적어도 두 번, 즉 아침 저녁으로 실행하는 것이 좋다. 그 효과는 생각하는 것 이상으로 뛰어나 모두들 놀랄 것이다.

이 작업을 계속 하다 보면 굳이 거울 앞에 서지 않더라도 당신 자신의 눈을 들여다보며 말을 하는 것처럼 잠재 의식에게 도움을 청하는 마음의 그림을 그릴 수 있을 것이다. 더불어 당신이 갖고 있다고 생각조차 하지 못하던 힘이 마음 속에 충만해짐을 느낄 것이다.

두 눈을 보라

거울 앞에서 두 눈을 들여다보면 두 눈이 변화하는 것을 볼 수 있다. 그 표정은 점점 생생해져 그 속에서 위력이 커져가는 것을 느끼게 된다.

두 눈이 강렬하게 빛나면 당신은 자신이 그린 이미지나 생각을 잠재 의식에 주입시키는 일이 성공하고 있다는 사실을 느끼게 될 것이다. 그리고 그러한 위력이나 강렬함은 당신의 일상 생활에 침투되어 당신의 친구들도 당신의 내면에 박력이나 생기가 증대되었음을 깨닫게 된다.

특히 자기 신뢰가 커갈수록 눈의 표정은 더욱더 강렬해져 '나는 귀중한 대접을 받아야 할 사람' 이라는 사실을 말해 주게 된다.

한편, 거울은 위력과 인격뿐만 아니라 육체적인 매력도 높여 준다. 만약 당신이 궁상스러운 몸가짐을 하고 있거나 외모가 단정치 못하다면 거울은 그것을 그대로 당신에게 보여 줄 것이다. 인격이 훌륭하고 좋은 지위에 있고 무슨 일에든 성공할 수 있는 사람은 그런 꼴을 보이지 않는다.

거울로 당신 자신을 잘 살펴보라.

만약 당신이 품위 있는 사람이 되고 싶다면 마음 속의 그림에 품위 있는 사람의 풍채를 더해야 한다. 당신이 어떠한 상황에 놓여 있든 거울 앞에서 그것을 연출하면 된다. 잠재의식이 그 욕구를 받아들여 당신이 타인에게 보여 주고 싶어 하는 모습을 만들도록 노력하라.

"돈이 꼭 필요하다는 생각을 당신의 의식과 잠
재 의식에 보내는 일에 집중하라. 그러기 위해 그
것에 대해 신중히 생각하고 당신의 필요를 분석해
야 한다. 결코 서둘지 말라. 그리고 결정한 그림이
알맞은 그림인지 아닌지 꼭 확인하라."

경제적인 어려움에 대처하는 법

제 11장

1만 달러를 얻고 싶다면?

1만 달러에 마음을 집중시키고 당신의 카드에 '1만 달러'라고 써 넣어라. 그리고 당신의 눈에 띄는 여기저기에 그 카드를 붙여 놓아라. 동시에 당신이 원하는 그 액수를 하루에도 몇 번씩 소리 내어 말하라.

거울의 기술을 이용하여 당신의 두 눈을 응시할 때에도 그 금액을 되뇌이면, 잠재 의식은 행동을 개시하여 당신의 욕구를 채워 주려 노력할 것이다.

당신의 잠재 의식이 행동을 개시해 줄 것이라 믿고 앞에서 설명한 테크닉을 실행하는 동안 그 목표를 이미 달성한 것으로 생각하고 기회가 있을 때마다 이 과정을 반복하라.

당신의 욕구가 무엇이든 테크닉은 동일하다. 원하는 것의 그림을 분명하게 생각하고 그림을 그리면 된다. 당신의 욕구가 반드시 이루어진다는 것을 계속해서 자신에게 들려주고 의식하는 마음으로 그것을 지속하라. 그 생각을 잠재 의식에 보내라.

그러나 가만히 앉아 기다리기만 하는 것으로는 어떤 것도 이룰 수 없다. 반드시 행동이 필요하다.

행동하라

만약 돈이 목표라면 먼저 절약하는 행동부터 실천해야 할 것이다. 그런 다음 돈을 벌 수 있는 수단과 방법에 대해 잠재 의식의 암시를 받아들일 수 있도록 마음의 문을 열어 놓아야 한다.

예를 들어 사업 확장을 위한 자금이 필요하다면 잠재 의식을 활용하는 동시에 돈이 들어왔을 때 그 돈을 어떻게 활용할 것인지를 마음 속으로 결정해 두어야 한다. 그러기 위해 의식하는 마음이 가지고 있는 모든 정보를 이용하는 것이 좋다.

잠재 의식은 알라딘의 램프나 도깨비방망이처럼 요술쟁이가 아니다. 그러므로 잠재 의식을 향해 희망을 말하는 것보다 훨씬 더 많은 행동이 요구된다. 잠재 의식은 곧 당신이 해야 할 일을 명령할 것이다. 그러면 그 명령을 받아들여 아주 바쁘게 움직여야 한다.

한 부인이 갑작스런 사고로 가족이 모두 죽고 자신만 남게 되었는데, 그녀가 지닌 재산은 집 한 채뿐이었다. 오로지 살림을 꾸려가는 재주밖에 없던 그녀는 생각다 못해 하숙집을 차렸고 가능한 한 투자 비용을 줄이기 위해 음식 재료는 새벽 도매 시장을 이용하고 요리는 직접 했다.

비록 고생은 되었지만 투자 비용이 적었고 직접 열심히 노력한 덕분에 어느 정도 돈을 모을 수 있었고 그 후에 하숙집을 팔고 식당을 개업하였다. 장사는 날이 갈수록 번창하여 수많은 종업원이 늘 일에 밀려 눈코 뜰 새가 없을 지경이었다.

여기서 중요한 것은 그녀가 철저하게 잠재 의식을 의식하는 마음에 협력시켜 잠재 의식의 지시에 따라 목적을 달성했다는 점이다. 사업을 시작할 때 누구나 체험하는 실패를 그녀는 한 번도 겪지 않았고 종업원은 그녀를 속이는 일없이 그녀를 잘 따랐으며 투자하던 증권에서 손해를 보는 법도 없었던 것이다.

마음의 명령을 신뢰하라

길모퉁이에 자리 잡은 어느 약국이 파산하고 말았다.

약국의 여러 가지 비품은 건물주에게 넘어갔고 재고 약품은 약품 도매상에게 차압을 당했다. 그 때, 어느 젊은 약사가 그 약국을 인수하고 싶은 마음에 그 가게를 기웃거렸지만 그에게는 돈이 없었다.

약사는 이렇게 생각했다.

'혹시 나를 건물 주인과 약품 도매상에게 파는 것은 어떨까?'

그러면 그가 자신을 어떤 방식으로 그들에게 팔았을까?

그는 우선 자신이 새 약국의 주인이 되어 약을 팔고 있는 모습을 마음 속으로 그려 보았다. 그러자 그것은 건물 주인과 약국 도매상의 잠재 의식에 작용하였고 그들은 약국의 비품과 재고품을 젊은 약사에게 맡겼다.

그는 다시 가게를 열었고 아내까지 나와서 열심히 노력한 끝에 그 가게는 날로 번창하기 시작했다.

그런데 그 약사는 아주 오래 전부터 하나의 약품 조제법에 대해 연구를 해 오고 있었다. 그러다가 정말로 자신 있는 조제법을 창안하게 되었지만 그에게는 그것을 제조할 만한 자금이 없었다.

어느 날 그 약사는 상당한 자산가인 건물주에게 그 이야기를 해 보기로 마음먹었다. 그는 자신의 계획에 대해 상당히 자신감이 강했기 때문에 건물주를 설득하는 일은 그리 어렵지 않았고 건물주로부터 5천 달러를 빌릴 수 있었다.

몇 달 동안 그 젊은 약사는 가게를 닫고 건물의 지하실에서 연구에 연구를 거듭한 끝에, 드디어 계획했던 약을 조제할 수 있었다. 그 약은 전국적으로 유명해지면서 급속도로 빠르게 팔려 나갔고 2, 3년이 채 되지 않아 그 약사는 건물주에게 빌린 돈을 모두 갚는 것은 물론이고 아예 약국이 들어섰던 건물을 통째로 구입해 버렸다.

몸 속에 있는 그 무엇이 '이렇게 하라' 고 일러 주는 지시를 믿고 따른다면 당신은 '신념의 마력' 을 깨달을 수 있을 것이다.

세상에 존재하는 모든 사물은 사고의 산물

물질계의 모든 것은 본래 누군가의 마음 속에 있던 하나의 생각이었다. 모든 사업이나 재산은 사고의 산물로 어떤 사람의 상상력의 작용에 행동이 뒤따른 결과물이다. 그리고 그러한 행동은 본인이 알든 모르든 의식하는 마음을 가지고 잠재 의식에 효과적으로 작용했기 때문에 일어난 것이다.

수영복으로 유명한 얀첸사는 그야말로 무일푼으로 시작한 제인 바우어가 일으킨 회사로 그의 성공담은 그 어떤 소설보다 재미있다. 여기에 그 회사의 사장 겸 회장인 제인 바우어가 나에게 보낸 편지를 인용하도록 하겠다.

"…… 제 어머니는 제가 '나는 이것을 할 수 없어' 혹은 '저 일은 곤란해'라고 말하면 늘 '다른 사람들이 할 수 있는 것이라면 너 역시 할 수 있어. 필요한 것은 그 일에 맞붙어 익숙해질 때까지 계속해서 하는 것이지. 그래야만 다음에 더 큰 일도 해낼 수 있는 거란다. 어떤 이유로든 그 일에서 후퇴를 하면 안 된다'라고 말씀하셨죠. 또한 어떤 일에 대해 불평을 하거나 투덜거리면 이렇게 말씀하셨습니다. '불평하지 말거라. 이렇게 좋은 세상에서 살고 있는 것을 감사하게 생각해야지. 불평을 말하는 대신 용기를 내고 미소를 지으며 네 주위에 있는 어려운 사람들을 도와 주렴.'

우리 집에는 네 명의 아이들이 있었는데 셋은 아들이고 하나는 딸이었습니다. 우리는 아주 행복했죠. 아마도 그것은 부모님께서 가정 교육을 잘 시켰기 때문일 것입니다. 어머니는 늘 좋은 말씀을 들려주셨고 그것은 아버지도 마찬가지였습니다. 아버지는 늘 '사물의 밝은 면만 보려고 노력하라'고 강조하셨습니다."

오늘날 이러한 교육이 이루어지고 있는 가정을 찾아보기란 그리 쉽지 않다. 그것을 잘 알고 있는 제인 바우어도 이렇게 덧붙이고 있다.

"저는 이러한 가정 환경에서 자라났기 때문에 인생에서 더 많은 것을 얻으려면 어떻게 해야 하는지, 그러한 교육과 훈련을 어디에서 배울 수 있는지를 잘 알고 있습니다. 어떤 환경에 놓여 있든 당신이 강조하는 기술은 누구에게나 매우 값진 것입니다."

지름길은 없다

아무리 마음의 힘이 강할지라도 준비가 없으면 원하는 것을 얻기 어렵다. 그러므로 목표를 달성하는 제 일보로써 필요한 훈련을 해야만 한다. 예를 들어 갓 군대를 제대한 청년이 하루 아침에 대기업의 공장장이 될 수는 없는 노릇이다. 분명 단계를 거쳐 올라가야만 한다.

이 때, 잠재 의식은 그 길을 인도하는 안내자가 되어 승진을 빠르게 하고 정신을 집중시켜 그가 할 수 있는 능력을 최대로 끌어 냄으로써 최선을 다하게 만든다.

우선 당신에게 충분한 능력이 있다는 사실을 믿어라. 자신의 자질과 능력에 자신이 없다면 어떻게 당신 자신을 팔 수 있겠는가?

당신의 목표로 나아가는 첫걸음은 먼저 그 일을 훌륭하게 해낼 만한 준비 작업부터 시작하는 것이다. 마음의 힘으로 능력이나 훈련까지 대신할 수는 없다.

어느 대기업의 중역이 나에게 이런 말을 한 적이 있다.

"대부분의 구직자들은 자기 자신에 관한 일에만 열중하여 고용주에게 어떤 식으로 도움을 줄 것인가에 대해서는 조금도 신경을 쓰지 않습니다. 면접 시험 때 면접관들이 응시자가 어느 정도로 쓸모가 있는지를 발견하느라 고심한다는 것을 그들은 모릅니다."

이럴 때야말로 마음의 힘을 이용하라. 면접을 볼 때 어떻게 해서든 그 회사에 들어가고 싶다면 잠재 의식에게 '이것은 중요한 일이야' 라고 말하라. 어떻게 행동해야 하는지에 대한 지시나 암시를 잠재 의식에게 구하는 것이다.

면접실에 들어갈 때, 당신은 이렇게 생각하고 있어야 한다.

'나는 당신이 원하는 인물입니다. 나는 당신 회사를 위해 일할 것입니다. 내 능력은 충분합니다. 내가 하나의 자산이라는 것을 당신은 내 두 눈 속에서 찾아 낼 수 있습니다. 당신은 내가 당신에게 필요하다는 것을 알기 때문에 틀림없이 나를 채용할 것입니다.'

만약 당신이 절실히 그런 생각을 하고 있다면 그에 걸맞는 행동을 할 것이고, 당신은 틀림없이 그 회사에 취직될 것이다.

당신은 당신의 생각대로 된다

잠재 의식과의 통로를 항상 열어 놓고 언제나 교류 관계를 유지한다면 당신은 늘 좋은 지도를 받게 된다. 잠재 의식과 의식하는 마음을 항상 일치시키는 것은 당신의 책임이다.

'만약 당신이 자기 자신의 생각에 복종하지 않는다면 스스로의 생각에 따르는 다른 사람의 생각에 복종하게 될 것이다' 라는 속담을 명심하라.

만약 자신의 정신을 지배하지 못하면 누군가 다른 사람이 당신의 정신을 지배할 것이다. 당신이 내부에서 잠재 의식의 활동을 관리하지 못하면 외부에서 잠재 의식으로 들어오는 것을 차단하지 못한다.

그러므로 자신의 창조적인 재능을 사용해야 한다. 그렇지 않으면 당신의 재능을 다른 누군가가 이용할 것이고 어쩌면 당신은 쓸모없는 인간이 되고 말 것이다.

또한 잠재 의식과 교신하는 방법도 연구해야 한다. 의식하는 마음을 훈련하여 잠재 의식으로부터의 암시와 영감을 받아들일 문을 열어 놓아야 하는 것이다. 행복, 성공, 재산 등은 절대로 다른 길을 통해 찾아오지 않는다.

해답이 언제 떠오를지는 아무도 모른다

위대한 지도자, 실업가, 발명가, 예술가들은 마음을 편안히 하고 있을 때, 어느 순간 아이디어가 떠오른다고 말한다.

당신이 어떤 곤란한 문제를 해결해야 한다면 밤에 잠들 무렵 잠재 의식에게 '내일 아침에 해답을 보내 달라'고 부탁해 보라. 그러면 잠재 의식은 당신이 해야 할 일을 가르쳐 주기 위해 한밤중에 당신을 깨우기도 한다.

물론 해답이 나올 때까지 상당한 기간을 기다려야 할 경우도 있으며 뭔가 다른 일을 할 때 문득 해답이 떠오르는 경우도 있다.

이처럼 잠재 의식이 당신에게 해답을 보내 주는 방법은 매우 독특하다. 하지만 일단 해답이 나오면 그것을 재빨리 붙잡고 즉시 행동으로 옮겨야 한다.

예를 들어 당신이 어떤 지위에 오르고 싶다는 열망을 갖고 있다면 잠재 의식이 어떤 곳으로 전화를 걸라고 지시할지도 모른다. 설사 그 사람이 당신이 열망하는 지위에 대한 결정권을 갖고 있는 사람과 아무런 연관이 없더라도 잠재 의식의 지시에 따라야 한다.

잠재 의식이 보내 주는 지시를 기꺼이 받아들여라. 당신이 도움을 받으면 받았지 결코 손해 보는 일은 없을 것이다.

잠재 의식은 육감이나 예감과는 다르다

트럼프나 증권 혹은 경마 등에 승패를 거는 사람들은 흔히 '육감'이나 '예감'에 따라 승부를 건다. 또한 어떤 사람은 자신이 태어난 해와 똑같은 숫자가 자신에게 행운을 가져다 줄 것이라고 믿는다. 물론 그런 식으로 하여 이길 수도 있고 질 수도 있다.

이것은 잠재 의식을 사용하는 것과는 근본적으로 다른 경우다.

예감에 의지하는 것은 위험 부담이 큰 일이다. 하지만 충분히 고려되고 신중하게 검토된 열망으로 의식하는 마음이 잠재 의식에 심어 준 것은, 필요한 만큼 물을 주고 양분을 공급하는 것이지 결코 요행을 바라는 것이 아니다.

그리하여 잠재 의식이 그 문제를 해결했을 때에는 갑작스러운 사고의 번뜩임으로 교신을 보내 온다. 이것은 충분히 과학적인 방법으로 경마장에서 어떤 말에게 돈을 걸어 운명을 맡기는 따위의 방법과는 완전히 다르다.

당신은 의식하는 마음에 의해 무지개다리 건너편에서 어른거리는 당신의 꿈을 보는 것이다. 그리고 그 꿈의 실현을 잠재 의식에게 맡기고 잠재 의식이 그 꿈을 당신의 인생에 구현시켜 줄 것을 믿는 것이다. 그러면 뜻한 바를 이룰 수 있다.

물론 도중에 어떤 장애물이 있을지 혹은 얼마만큼의 인내와 노력이 필요한지는 아무도 모른다. 그러나 만약 당신이 고등 학생인데 외과 의사가 꿈이라면 수년 동안의 교육 기간 동안 서툰 충동으로 옆길로 빠지는 것을 잠재 의식이 막아 줄 수 있다.

만약 잠재 의식의 인도를 받는다면 당신의 노력 하나하나가 모두 효과를 나타낼 것이다. 잠재 의식의 지시는 당신을 올바른 방향으로 인도해 준다.

목표는 당신 스스로 정하라

잠재 의식이 목표까지 정해 주는 것은 아니며 그것은 스스로 정해야 한다. 목표는 마음으로부터 오는 것으로 의식하는 마음에 의해 말이나 그림으로 그려진다.

목표를 결정할 때에는 의식하는 마음의 모든 능력을 활

용하고 다른 사람들의 인생을 관찰하라. 특히 실패한 사람들을 분석하고 더불어 당신 자신의 성격과 재능을 분석하라.

만약 당신이 수학에 약하다면 과학적인 연구직에 적합하지 못하다. 아무리 그 생활이 매력적으로 보일지라도 당신에게 맞는 직업이 아닌 것이다.

자기 자신을 객관적으로 관찰하라. 단순히 매력만으로 목표를 결정해서는 안 되며 재능의 범위 내에서 흥미와 관심이 있는 것으로 정해야 한다.

당신의 목표에 대해 충분한 정보를 구하라. 모든 능력과 지혜를 총동원하여 그것에 매달리고 목표에 도달하기 위해 기꺼이 대가를 지불하라. 여기서 말하는 대가란 인내와 노력, 신념을 말하는 것이다. 때로는 무한한 인내력이 필요할 수도 있다.

목표가 결정되고 그것에 대해 절대적인 신념을 갖는다면 비로소 당신은 꿈을 현실로 바꿀 잠재 의식의 힘을 사용할 준비가 되어 있는 것이다

"마음의 작용이 이리저리 꼬리를 물고 이어지는 것은 결코 무가치한 일이 아니다. 특히 잠재 의식의 지시에 따르는 훈련을 하고 있으면 그러한 여러 가지 사고에서 의미를 발견할 수 있다. 방황하는 사고를 더듬어 가다가 실용적인 방법이 떠오를 수도 있는 것이다."

제 12장

방황하는 마음의 치료

The Magic of Believing

사고라는 것은 어떻게 확장될까?

예를 들어 숲길을 거닐다가 호두 한 알을 주웠다고 가정해 보자. 그러면 처음에는 막연하게 호두 재배에 대해 생각할지도 모른다. 그러다가 점점 호두나무는 어떤 토양에서 잘 자라는지, 노동 조건은 어떠할지, 품질을 높이려면 어떻게 해야 하는지 등에 이르기까지 사고가 확장되는 것이다.

때로는 황당무계하게 생각되는 경지까지 사고의 폭을 넓히는 일도 필요하다. 물론 막다른 골목에까지 이르러 더 이상 갈 데가 없는 경우도 있다는데 그럴 경우에는 전체의 구상을 버리면 된다.

그러나 만약 당신의 생각이 잠재 의식의 지시에서 나온 것이라면 그것은 결코 실패로 끝나지 않는다.

과거에 미국 서부에서는 사과를 사륜마차 1대분을 기준으로 해서 매매했는데 당시 마차 1대분의 값을 한꺼번에 지불한다는 것은 상당히 버거운 일이었다. 여기에 착안하여 한 과수원 주인은 사과를 개별적으로 포장하는 방법을 고안해 냈고 그것은 1개에 10센트씩 팔려나가면서 수확에서의 노임과 수송비를 충분히 보충해 주었다.

그 후, 그 방법은 모든 사과 재배업자들에게 전파되었고 지금은 12개씩 한 상자에 넣어 예쁘게 포장된 상태로 팔려나가고 있다.

당신을 포장하라

이제 사과를 포장하는 아이디어를 당신에게 적용시켜 보라.

잠재 의식을 고용주라 생각하고 의식하는 마음을 성실한 고용인으로 생각하여 우선 의식하는 마음에 할 수 있을 만큼의 일을 시킨다. 그러면 잠재 의식을 보다 효율적이고 보다 활동적이도록 만들 수 있다.

당신의 외모는 어떠한가? 당신은 사람들의 눈을 잡아끌 만한 어떤 특징을 지니고 있는가? 당신은 상대방의 어색한 기분을 잘 풀어 줄 수 있는가?

당신의 외모에 진정한 당신이 나타나도록 마음을 써라. 태도, 복장, 표정은 당신이 어떤 사람이라는 것을 잘 보여 준다.

물론 잘난 체하지 않으면서 군중 속에서 사람들의 눈길을 끄는 일이나, 경쟁심을 유발시키지 않으면서 사람들을 기분 좋게 해 주는 것이 쉬운 일은 아니다.

그래도 당신을 포장하는 일을 결코 소홀히 하지 말라. 인생이라는 것은 중대한 순간에 가속도로 진행되는 경우가 있음을 기억해야 한다.

신념은 반드시 그 보답을 받는다

당신을 훌륭한 사람으로 보이도록 하는 가장 좋은 방법은 스스로가 '나는 훌륭한 사람'이라고 생각하는 것이다. 사람들의 주의를 끌 만한 옷을 입고, 늘 마음의 태도에 관심을 집중하며 성공할 것이라는 생각에 잠겨라. 상대방이 당신을 좋아할 것임을 또한 당신이 상대방에게 흥미를 갖고 있듯 상대방도 당신에게 흥미를 가질 것임을 확신하라.

어느 대기업의 자동차 세일즈 우먼이 부자인데다가 고급 승용차만 구입하는 어느 고객에게 자동차를 판매하는 일을 맡았다. 그 행운이 기쁘면서도 한편으로 두렵기도 했던 그녀는 우선 집에 돌아오자마자 목욕을 하고 머리도 손질했으며 최대한 자신감 있는 포즈를 취하기 위해 노력했다.

나는 그녀에게 이후의 상황을 물어 보았다.

"자동차를 팔았습니까?"

"물론입니다. '누가 나오든 꼭 팔고야 말 테다' 라는 자세로 임했으니까요. 상대방이 큰 부자라고 해서 결코 위축되지 않았습니다."

당연한 일이지만 그녀는 목욕을 하고 세일즈에 나설 준비를 하는 동안에 마음의 준비를 한 셈이다. 그녀가 준비를 하는 동안 상상력은 활동을 개시하여 실패란 있을 수 없다는 인간적 자력을 그녀의 체내에 만들고 있었던 것이다.

뛰어난 야구 선수인 베이브 루스는 홈런을 칠 장소를 미리 예언했다고 한다.

그는 공을 치기 전에 이번에는 어디로 날리겠다고 '공에 대해 선언'을 했던 것이다. 그가 공을 칠 때, 홈런을 오른쪽으로 혹은 왼쪽으로 날리겠다고 선언을 하면 공은 정확히 그 곳으로 날아갔다.

물론 어떻게 그런 일이 가능했는지는 베이브 루스 외에는 아무도 알지 못한다.

아무튼 그것은 정정당당한 타격이었고 어떠한 속임수도 없었다. 아무리 강력한 투수가 공을 던져도 공은 그가 예언한 쪽으로 정확히 날아갔던 것이다.

아마도 베이브는 언제나 잠재 의식의 충동에 따랐기 때문에 마음먹은 대로 홈런을 칠 수 있었을 것이다. 자신의 신념을 믿고 잠재 의식의 지시에 따르는 사람은 충분한 보답을 받게 마련이다.

. . . . .

사과 하나가 썩으면 상자 속의 모든 사과가 썩어버린다

당신의 감정을 잘 지키고 보호하라.

우리는 다른 사람들이 만들어 내는 진동에 의해 의외로 많은 영향을 받는다. 자주 만나거나 접촉하는 사람들의 성질을 자신도 모르는 사이에 받아들이는 일은 흔히 볼 수 있는 현상이다.

남편과 아내는 함께 생활하는 사이에 어느덧 서로 닮아가며 심지어 상대방의 버릇까지도 익히게 된다.

어린이는 어머니나 아버지, 또는 자신을 돌봐 주는 사람의 감정을 받아들여 겁을 잘 내거나 어떤 것을 좋아하고 싫어하는 경향이 그대로 옮겨져 일생 동안 그 성질을 지니고 살아가게 된다.

그렇기 때문에 간혹 정신 병원 의사는 성격 장애가 있는 환자를 치료할 때, 어린 시절의 체험 속에서 병의 원인을 찾아 내기도 한다.

어린이가 초등 학교에 입학할 무렵이 되면 성격에 어떤

변화가 일어난다. 그리고 계속해서 바뀌는 선생님들에 의
해 어린이의 감정 형태도 변해간다. 또한 친하게 지내는 친
구들의 감정적 안정이나 불안정에도 의외로 강한 영향을
받는다.

지나치게 신경질적인 사람이 책임 있는 자리에 앉으면
주변 사람들을 모두 초조하게 만든다. 부정적인 경향을 지
닌 사람이 이유 없이 트집을 잡는다면 그 불쾌한 파동이 다
른 사람에게까지 미치는 것이다.

사과 상자 속의 썩은 사과 하나가 다른 사과도 모두 썩게
만들듯, 방 안에서 울고 있는 한 여자는 다른 여자들을 우
울하게 만들고 한 여자의 웃음은 다른 사람들도 즐겁게 만
드는 법이다.

감정의 파동이 다른 사람에게 얼마나 많은 영향을 미치
는가는 상상을 초월할 정도이다.

만약 당신이 계속 적극적이고 명랑한 성격을 갖고 싶다
면 부정적이고 비관적인 성향의 사람과 오래 접촉하기를
피해야 한다.

하루 종일 괴롭거나 슬픈 분위기에 젖어 있으면 아무리 성격이 쾌활하고 활동적인 사람일지라도 마침내 그것에 압도되어 어둡고 정적인 사람으로 변하기 쉽다.

마음의 파동이 갖는 암시력

사무실이나 가정의 분위기는 그 곳에 속한 사람들이 빚어 내는 것으로 어쩐지 거북하다거나 어수선하다거나 조용하다거나 아늑해서 마음에 든다고 하는 식으로 즉각 느껴지는 감정이다.

사람은 누구나 어떤 자리의 분위기가 차갑다거나 따뜻하다는 것을 즉시 감지할 수 있다.

가구의 배치, 전체적인 색감, 벽지의 무늬, 커튼이나 의자의 커버까지 그 곳에서 살고 있는 사람의 생각을 파동으로 전해 그가 어떤 사고 방식을 가지고 있는지를 나타내는 것이다.

집이 대저택이든 오두막이든 그 곳에 살고 있는 사람의 성품을 암시해 주는 열쇠는 바로 그 파동이다.

그러한 파동은 인테리어에서 뿐만 아니라 한 사람의 외모, 복장, 즐겨 읽는 책 등 외부적으로 드러난 것에서 파생되어 전해진다.

극장에서 무대 장치에 중점을 두는 까닭은 그것을 통해 배우가 연기를 하기 전에, 무대에 올려질 이야기의 내용이 지닌 분위기를 관객들에게 전달하기 위해서이다. 만약 무대 장치를 맡은 사람의 연극에 대한 이해도와 작가의 의도가 맞지 않는다면 관객들은 부조화의 진동을 받게 되어 연극 전체가 실패로 끝나게 된다.

진동파는 당신이 사람을 지도하는 유형인지 혹은 남을 따라가는 유형인지에 따라 받아들인 영향이 달라진다.

당신은 책임지기를 싫어하는가? 결단내리기를 두려워하는가? 남 앞에 나서기를 주저하는가? 만약 당신이 소극적인 형이라면 반드시 그것을 극복해야 한다. 그렇지 않으면 당신에게 행운은 찾아오지 않을 것이다.

어려운 문제에 과감하게 도전하라

고난을 극복하려면 적극적으로 그것에 도전할 결심을 해야 한다. 어려운 문제에 부딪쳤을 때 그것을 뒤로 미루면 미룰수록 문제는 더욱더 커지고 문제 해결 능력에 대한 의심은 보다 강해질 뿐이다.

우선 결단을 내리는 법부터 배워야 한다. 결심을 미룬 채 불안한 상태로 있으면 행동할 기회를 놓치기 때문이다. 행동할 기회를 놓치면 그에 따라 성공의 기회도 놓치게 된다.

당신이 이미 알고 있을지도 모르지만 일단 결단이 내려지면 곤란한 문제는 사라지기 시작한다.

설사 당신의 결단이 최상은 아닐지라도 결단 그 자체가 당신에게 힘을 주고 사기를 높여 주는 역할을 하는 것이다. 반면, 혹시 일을 잘못 하는 것은 아닌지 두려워한다면 정말로 잘못을 초래하고 만다.

결단을 내리고 행동하라. 잘못된 결정이든 잘된 결정이든 결정을 내리는 것만으로도 대부분의 문제는 사라져 버

대다수의 성공자들은 직감과 축적된 지식, 경험 등에 의해 즉각 결단을 내리듯 당신도 신속한 결단과 과감한 행동을 배워야 한다.

종교적인 정신 요법도 효과적이다

마음의 힘에 대해 조금이라도 아는 사람이라면 감정이 담긴 생각이 얼마나 인간의 육체 상태를 좌우하며 또한 암시가 얼마나 질병의 유발과 치유에 영향을 미치는가를 알고 있을 것이다.

실제로 종교적인 정신 요법의 효과에 대해서는 많은 사람들이 경험담을 털어놓고 있다. 물론 병의 실재는 부정하지 않지만 환자가 강한 확신으로 날마다 몸이 회복되리라는 적극적인 암시를 되풀이하면 결국 병을 무시하여 효과를 올리는 것이다.

치료에 성공하느냐 못하느냐는 환자의 신념이 얼마나 강한가에 달려 있다.

암시가 육체의 질병을 어디까지 고칠 수 있는가 하는 것은 정신 요법의 각 유파나 의학회에서 커다란 논쟁거리가 되고 있지만 실제로 그러한 요법으로 질병을 이긴 사람들의 사례는 늘어만 가고 있다.

정신 신체 의학 치료법

증오, 근심, 고민 등은 질병을 초래하는 경우가 많다. 심지어 치명적인 질병을 일으키기도 한다. 물론 의사들 중에는 이런 일들을 인정하지 않는 사람도 있지만 언젠가 『라이프』지는 '정신 신체 의학' 이라는 제목의 기사에서 제2차 세계대전 중에 일어났던 군인들의 질병 중에서 약 40%가 정신 신체적 원인에서 비롯된 것이라고 밝힌 적이 있다.

기관지 천식, 심장병, 고혈압, 류머티즘, 관절염, 당뇨병,

감기 및 알레르기성 피부병 등은 감정적 혼란이나 흥분이 직접 혹은 간접적으로 원인이 되어 일어나기도 하며 더욱이 감정이 그러한 증세를 보다 더 악화시킨다고 한다.

정신 신체 의학 치료법은 감정의 동요를 일으킨 원인을 밝혀 내 그것을 제거하도록 힘쓰는 데 있다. 실제로 정신과 의사나 정신 분석학자의 실험 결과를 보면 신체 치료에 심리적인 치료법을 병행했을 때, 놀라운 성과가 나타난다는 것을 알 수 있다.

환자의 마음자세가 병을 낮게 한다

정신 치료법을 연구하는 사람들이 공통적으로 주장하는 것 중의 하나는 병을 낮게 하는 힘은 의사의 처방보다 환자 자신의 마음자세에 달려 있다는 것이다. 다시 말해 치료자가 어떤 형태로 암시를 주던 환자가 그것을 자신의 잠재 의식으로 받아들이지 않는다면 효과는 나타나지 않는다는 애기다. 치료자가 주는 암시를 환자가 신용하지 않으면 절대로 효과를 기대할 수 없다.

이것은 곧 굳은 신념을 가지고 암시력이 강하다면 치료자의 도움 없이도 누구나 스스로 노력하여 같은 결과를 얻을 수 있다는 의미가 된다.

지금까지 연구해 온 기술, 즉 '카드 테크닉', '거울의 기술', '소리 내어 말하는 일'을 끊임없이 반복하여 암시력을 높이면 큰 성과를 기대할 수 있다.

목표 달성은 물론이고 육체적인 질병 치료에 있어서도 마음을 집중해 오랫동안 되풀이하여 생각하고 신념을 굳힌다면 모든 것을 실현할 수 있는 것이다.

마음의 병을 치료하는 사람은 바로 당신이며, 당신의 운명을 만드는 것은 당신의 마음이다.

"신념에는 마법적인 힘이 있다. 신념에 위대한 힘이 있다는 사실을 믿으면 그 강력한 힘을 얻을 수 있다. 하지만 신념에는 건설적인 힘뿐만 아니라 파괴적으로 작용하는 힘도 있으므로 주의해야 한다. 다른 사람의 불신은 당신 노력의 효과를 방해한다."

제 13 장

당신 자신과 운명의 주인이 되어라

The Magic of Believing

신념에는 마법적인 힘이 있다

신념에는 위대한 힘이 있지만 신념의 힘을 믿지 않는 사람과 잠재 의식의 통로를 개방해 두면 노력의 효과가 줄어들 수밖에 없다. 마음의 힘은 모든 것을 다 포용하고 모든 것에 다 침투하므로 신념을 파괴적이 아니라 건설적인 쪽으로 작용하도록 해야 한다.

신념은 당신이 활용함에 따라 성장하고 그 위력도 신념의 크기와 비례하여 증대된다. 만약 신념의 논리를 하나하나 실험하여 잘못된 것이 나온다면 그것을 제거해 나가는 테스트를 되풀이하라.

언제까지나 의심만 하면서 살아갈 수는 없다. 회의론자는 언제나 길가에 앉아 생각에만 잠겨 있다. 승부에 참가하는 사람은 신념이 있는 사람뿐이다. 때로는 승부에서 질 수도 있지만 승리의 기회를 포착할 수 있는 것은 승부에 참가한 사람뿐이다.

인생의 멋진 경기를 그저 멍하니 바라보고만 있기에는

당신의 잠재 능력이 너무 아깝고 인생이 비참하지 않은가!

과감하게 실수를 저지를 용기를 가져라. 그것이 진리를 발견하는 하나의 수단이다.

어떤 원예업자가 나에게 이런 충고를 해 준 적이 있다.

"가지를 잘못 자를까 두려워 주저해서는 안 됩니다. 비록 올해의 장미를 망칠지는 모르지만 그로 인해 내년에는 더욱더 탐스러운 꽃이 피게 될 것입니다."

만약 당신의 인생 목표가 진리의 발견에 있다면, 사회에 유용한 인물이 되고자 한다면, 마음의 힘에 대한 원리를 깨달을 때까지 실험을 계속하는 것이 좋다. 그 원리의 작용과 효과를 납득할 때까지 실험해 보고 또 실험해 보라.

구하라! 그러면 얻을 것이다

지금까지 말한 모든 기술을 사용하라. 그것은 분명 그 효과가 입증된 기술이기에 그러하다.

　우선 마음 속으로 목표에 대한 그림을 그리고 행동하는 모습을 상상하라. 당신이 차지한 지위를 생각하고 그 그림에 익숙해져야 한다.

　당신이 품고 있는 목표를 항상 되풀이하여 중얼거림으로써 입버릇처럼 되게 하고, 그 말을 카드로 만들어 항상 눈에 띄는 곳에 붙여 놓는 것이 좋다. 일상 생활의 잡다한 일들이 당신의 집중력을 분산시키기 때문에 이러한 회상 작업은 매우 중요하다.

　매일같이 일어나는 여러 가지 일들의 중압감 속에서도 당신의 의지로 마음을 활동시킴으로써 잠재 의식이 적극적으로 일하도록 만들어 놓아야 한다.

　물론 당신 자신에게 말하기 위해 ‘거울의 기술’을 사용하는 것도 잊어서는 안 된다. 당신의 눈을 들여다보며 당신이 ‘누구’이며 ‘어떻게 되고 싶은가’를 보라.

　눈을 들여다볼 때에는 ‘믿는다’라고 계속 말하되 당신의 눈이 당신을 ‘믿는다’라고 대답할 때까지 계속 암시를 주어야 한다.

행동의 안내자

잠재 의식을 아직 결정되지 않은 의견이나 의무에 대한 안내자로도 사용할 수 있다. 만약 어떤 일에 대한 당신의 판단이 불확실하여 마음을 결정하지 못했을 경우에는 잠재 의식에 호소하여 생각을 명확하게 하고 행동의 안내원 노릇을 시키는 것이 좋다.

가능한 한 잠들기 전에 당신이 원하는 것을 잠재 의식에게 말하도록 한다. 이는 의식하는 마음이 더 이상 생각하지 않도록 잠재 의식에게 맡겨 버리는 것이다. 잠재 의식 앞에 당신의 의견을 솔직히 털어놓고 편안한 마음으로 잠자리에 들어라.

그런 다음 아침에 일어나 보면 이미 결정이 내려져 있는 경우가 많다. 설사 아침까지 잠재 의식이 결정을 내리지 못했을지라도 그날 안으로, 어쩌면 가까운 미래에 선명한 암시를 받게 될 것이다. 어쨌든 확실한 해답이 나오므로 의심하거나 근심할 필요는 없다.

성공에 종점은 없다

성공에 종점은 없다. 그것은 언제까지나 과정일 뿐이다. 그럼에도 불구하고 우리 주변을 보면 한 번 성공을 달성한 사람이 그 자리에 가만히 머물러 있는 것을 많이 볼 수 있다.

제자리라는 것은 곧 퇴보를 의미한다. 자신은 가만히 있어도 다른 사람들이 앞서 나가기 때문에 결과적으로 자신은 뒤로 밀려나는 것이기 때문이다.

그러므로 성공을 했다고 해서 마음의 긴장을 풀고 마냥 행복감에 젖어 있을 게 아니라 또다시 앞으로 나아가려는 신념으로 재무장해야 한다. 당신이 일단 목표점에 도달했다면 그 자리에 머물지 말고 앞을 내다보라. 미래는 항상 당신을 부르고 있으니 그 곳을 향해 다시 한 번 전진하라. 그러면 당신은 또다시 성공할 것이다.

성공을 확보하고 그것을 영구적으로 하는 유일한 위력은 바로 잠재 의식의 힘이다.

평범한 사람이 성공하는 법

사실, 수많은 사람들이 우연한 기회를 기대하거나 운명은 자신이 아니라 타인에 의해 정해지는 것이라고 생각한다.

만약 당신 역시 그렇게 생각한다면 당신의 정신력을 사용하기 위해 끊임없는 인내력을 발휘해야 한다. 장차 쓸모 있는 사람이 되려 한다거나 빛나는 미래를 갖고 싶다면 강한 신념을 지니고 지금까지의 타성을 극복해야 하는 것이다.

의식하는 마음이 잠재 의식에게 부단한 자극을 주게 하는 동시에 잠재 의식의 위력을 활발히 작용시켜 일반적인 타성으로부터 벗어나야 한다. 그것이야말로 당신의 사활이 걸린 중대한 문제이다.

물질주의자들은 정신적인 것은 물질이 있기 때문에 존재하는 것이며 물질에 비해 정신은 부차적인 것이라고 주장하므로, 그런 사람들과 대화하면 당신의 신념만 약화시킬 뿐이다.

당신이 살아갈 위대한 정신의 영역을 만들어라. 그러면 당신의 마음 속에 창조된 영상만이 진실한 것이 될 것이다. 그리고 당신은 다른 사람들의 불신 따위에는 전혀 무관심하게 될 것이다. 그것은 당신의 신념에 대해 그들이 갖는 무관심과 같은 것이다.

행복이란 마음의 상태이다

당신의 행복은 오로지 당신만이 관리, 조절할 수 있는 힘을 가지고 있다. 당신 자신이 당신 생각의 수호자인 것이다. 만약 의식하고 있는 마음이 그려 준 그림 덕분에 불행에 대해 마음의 문이 닫혀 있다면, 당신은 절대로 불행을 느끼지 않게 된다.

로마의 위대한 황제이자 철학자였던 마르쿠스 아우렐리우스는 이렇게 말했다.

“모든 것은 생각에 달려 있다. 생각은 당신이 조절할 수 있는 것이므로 당신이 원할 때 그릇된 생각을 제거하라. 그러면 만사가 안정될 것이다.”

만약 당신의 마음이 불안정하다면 용감하게 자발적으로 그것과 맞붙어 싸워라. 그것을 의식하는 마음에서 몰아 내고 평온한 마음으로 바꿔 넣어라. 그것을 잠재 의식에 근접시켜서는 안 된다. 만약 불안이 잠재 의식 속으로 들어간다면 그 속에서 난동을 부려 불행을 연장시킬지도 모른다.

자신이 사고의 지휘자가 되어 바람직하지 못한 감정이 잠재 의식 속으로 들어가지 못하도록 철저히 막아라.

철학자 랠프 월도 에머슨은 일찍이 이렇게 말했다.

“이 세상에서 가장 하기 힘든 것은 생각하는 일이다.”

당신이 얼마나 철저하게 대중들의 사고에 물들어 희생되고 있는지 깨닫도록 하고, 당신의 생각이 온전히 당신의 것인지도 확인해 보라.

그것은 독창적인 것인가? 당신의 마음이 만들어 낸 결과인가? 아마도 아닐 것이다. 누군가가 당신에게 말했거나 신문, 잡지 등에서 읽은 것을 무비판적으로 받아들였을 뿐이다. 그 사실에 어느 정도 신빙성이 있는지조차 조사해 보지 않고 그냥 받아들인 것이다.

신중히 생각한 후 최선의 판단을 내리고, 그 판단을 평가한 후 냉철히 결정하여야 한다.

당신 자신과 당신 운명의 주인이 되어라

이 책에서 제시하는 기술을 반복해서 실행하고 그것을 당신의 일상 생활로 삼아라. 카드의 암시, 의식하는 마음속의 자신의 이미지, 거울과의 대면 등이 일상적인 습관이 되도록 하여 머리를 빗고 세수하는 것을 잊지 않고 하듯 빠뜨리지 말고 실행하라.

절대로 마음이 내키면 하고 그렇지 않으면 안 하는 식으로는 안 된다. 사용하지 않는 근육이 약해지듯 마음의 힘도 사용하지 않으면 약해지고 마는 것이다.

신념 속에는 순수한 창조적 마력이 있음을 믿는다면 정말로 마력이 나타날 것이다. 신념은 당신에게 무한한 힘을 공급하여 당신이 원하는 것은 무엇이든 실현시켜 준다.

당신의 신념을 단호한 의지력으로 뒷받침하여 흔들림이 없게 하라. 그러면 주위를 둘러싸고 있는 환경이나 조건의 주인이 될 것이고 더 나아가 당신 자신과 당신 운명의 주인이 될 것이다.

신념의 마력

1판 1쇄 찍음 2004년 8월 4일
1판 7쇄 펴냄 2016년 7월 11일

지 은 이 클라우스 M. 브리스톨
펴 낸 이 배동선
마케팅부 최진균
총 무 부 이다혜
펴 낸 곳 아름다운사회

출판등록 2008년 1월 15일
등록번호 제2008-1738호

주   소 서울시 강동구 성내동 419-28 아트빌딩 2층 (우: 05403)
대표전화 (02)479-0023
팩   스 (02)479-0537
E-mail assabooks@naver.com

Korean Translation Copyright ⓒ 2003 by Beautiful Society Publishing Co.
Printed & Manufactured in Seoul, Korea

이 책의 한국어판 저작권은 도서출판 아름다운사회에 있습니다.
저작권법에 의해 한국내에서 보호를 받는 저작물이므로
무단전재와 무단복제를 금합니다.

ISBN : 89-5793-053-1 03320

값 6,000원

* 잘못된 책은 교환해 드립니다.